Maud v. Ossietzky erzählt

Maud v. Ossietzky erzählt

Mit einem Gespräch zwischen
Rosalinde v. Ossietzky-Palm
und Ursula Madrasch-Groschopp

BUCHVERLAG DER MORGEN
BERLIN

ISBN 3-371-00168-7

Kindheit und Jugend

In Haidarabad wurde ich am 11. Dezember 1888 geboren. Mein Vater war englischer Offizier. Von meiner frühesten Kindheit an versuchte man, mich in eine Schablone zu pressen. Ich war knapp sieben Jahre alt, da starb mein Vater an einem Herzschlag in England, wo er sich auf einer Urlaubsreise befand. Ein Jahr später starb in Haidarabad meine Mutter an Typhus. Es war und blieb für mich unfaßbar.

Wir wohnten im weiträumigen Haus meines Großvaters William Palmer. Eine Säulenhalle verband Wohnraum und Garten, zur Straßenfront lag das Bankhaus meines Großvaters, der die „Quäker" unterstützte. Als meine Mutter starb, war er gerade in England. Wenn ich auch stets von Hausangestellten betreut worden war und kaum, wie die meisten Kinder, Elternliebe gespürt habe, so kam mir doch die notwendig gewordene Übersiedlung in eine Klosterschule wahrhaft schrecklich vor.

Meine Vorahnungen bestätigten sich leider. Vom frühen Morgen bis zum späten Abend mußten wir Kinder auf Befehl beten und zwischendurch die großen Heiligenbilder abstauben. Das Essen war hinauf- und herunterzutragen, es gab auch andere Arbeiten, die mir widerstrebten und ungewohnt waren, ich hatte doch bisher in einem großzügig geführten Haushalt gelebt, und mir schien es, daß die Heiligen auf den Treppen und Fluren schadenfroh über mich lächelten. Indische Nächte sind tiefschwarz, nur Kerzen, die wir für eine Rupie Taschengeld kauften, verbreiteten ihr Licht.

Zu meinem Trost wollte ich das Bild meiner Mutter, deren Vorfahren aus indischem Adel stammten, über mein Bett hängen, eines der vielen Betten des geräumigen Schlafsaals.

Maud als Zweijährige in Haidarabad

Im Elternhaus in Haidarabad

Die Mutter Maud v. Ossietzkys, Hetty Palmer, verheiratete Noel Lichfield-Woods

Doch das durfte nicht sein. Die Wände waren ausschließlich den Heiligen vorbehalten. In diese exklusive Gesellschaft durfte das Bild meiner Mutter nicht aufgenommen werden.

Nach acht monotonen Monaten schien sich mir mit dem Klostertor auch das Tor zur Welt zu öffnen. Zu Schiff ging es von Bombay nach England zu meiner Tante, der ältesten Schwester meiner Mutter, Mary Palmer, die den Londoner Haushalt meines Großvaters führte. Sie war mir bis Southampton entgegengekommen und erwartete mich am Schiff. Einige Monate durfte ich bei ihr in London-Kensington bleiben, dann war es Zeit für das College. Das war doch etwas anderes als die eintönige, düstere Klosterschule. Zwar mußten wir im Cheltonham-College tüchtig lernen, konnten aber nach Herzenslust Sport treiben, und die drei Pence wöchentliches Taschengeld wurden nicht für Kerzen einbehalten.

Da es mir in diesem berühmten College sehr gut gefiel, sehnte ich mich gar nicht nach den Ferientagen im Hause meiner Tante. Denn dort war alles nach strengen gesellschaftlichen Regeln geordnet. So durfte ich zum Beispiel bis zu meinem achtzehnten Lebensjahr überhaupt nicht in einem Lehnstuhl sitzen, sondern nur auf stocksteifen Stühlen – wegen der Haltung. Nicht nur diese ungemütliche äußere Haltung mußte gewahrt werden, sondern der ganze konventionelle Stil des viktorianischen Englands prägte meine Kindheit und Jugend.

Ich hatte meine Schulzeit beendet und war achtzehn Jahre alt geworden. Meine Tante wünschte, daß ich mich, wie andere Mädchen aus „gutem Hause", so schnell wie möglich „gut verheiraten" sollte. Aber die jungen Männer meines Bekanntenkreises fanden bei mir keinen Anklang.

Andererseits befriedigte mich mein müßiges Leben keineswegs; außerdem erzürnten mich die gelegentlichen Anspielungen meiner Tante, daß ich nie einen Mann bekäme, wenn ich mich nicht bald entscheiden würde. Doch bald hatte ich mich entschieden, nicht für einen Ehemann, wohl aber für die Selbständigkeit. Schon geraume Zeit war ich eine eifrige Anhängerin von Mrs. Pankhurst.[1*] Ich hatte sie nach meiner Rückkehr aus Paris, wo ich ein dreiviertel Jahr in einem Internat verbrachte, im Hyde-Park sprechen hören; sie war eine bekannte Frauenrechtlerin, die den radikalsten Flügel dieser bürgerlichen Frauenvereinigung führte. Ich hatte an mehreren Protestdemonstrationen teilgenommen, auch an einem dreitägigen Hungerstreik im Gefängnis bei Scotland Yard wegen „Unruhestiftung“. Im Verlauf dieser Auseinandersetzungen hatten wir unser Ziel erreicht: den Achtstundentag für Frauen, die bisher zum Teil 12 Stunden oder noch länger arbeiten mußten. Die Arbeit für den Frauenverband begeisterte mich sehr; auch ich bin auf eine Seifenkiste im Hyde-Park gestiegen und habe eine schwungvolle Rede gehalten: für das Wahlrecht der Frauen.

Mein Wunsch, einen Beruf zu ergreifen, der mich ganz ausfüllte, wurde immer stärker. So ging ich eines Tages ganz nach dem Norden, recht weit weg von der Tante, die mich ewig gängelte, und meldete mich als Lernschwester im Stanley-Hospital in Manchester an. Meine Tante war zwar konsterniert, fand sich aber schließlich mit der vollendeten Tatsache ab und bewilligte mir sogar großzügig das Lehrgeld – wahrscheinlich war sie erleichtert, mich aufsässigen, undankbaren Tunichtgut loszuwerden.

Meine Freiheit schien schwer erkauft, ich mußte angestrengt und ohne Unterbrechung die niedrigste Arbeit tun. Mit verbissener Energie – oder war es Trotz? – überstand ich diesen schweren Anfang. Bald erschien mir die Arbeit etwas leichter, vielleicht war es auch einfach die Gewöhnung. Hinzu kam, daß die Stationsschwester mir zugetan war; sie setzte mich als Nachtschwester ein, und ich konnte wieder etwas Atem schöpfen. Der Arzt, der des öfteren den Nachtdienst versah, schien umgänglicher als seine standesbewußten Kollegen, die mit uns Lernschwestern nicht ein Wort wechselten. Während meines Dienstes in der Säuglingsstation hatte ich bei einer Visite des Chefarztes für absolute

* vgl. Anmerkungen, S. 189

Ruhe zu sorgen; ein kleiner Erdenbürger jedoch stimmte prompt im falschen Augenblick ein lautes Geschrei an. – Als ich ihn vor Schreck und Lampenfieber am Beinchen ergriff und in meine Arme nahm, zeigte dieser Arzt als einziger der gestrengen Herren ein verständnisvolles Lächeln für mich.

Zu meinen Pflichten gehörte es auch, für den Arzt und die Oberschwester Tee oder Kakao zuzubereiten. Während diese beiden sich stärkten, hatte ich mich wieder an den mir zugewiesenen Platz zu begeben. In einer besonders ruhigen Nacht forderte der junge Arzt mich auf, doch auch eine Tasse Tee zu trinken. Das war völlig ungewöhnlich. In den folgenden Nächten wiederholte er seine Einladung, schließlich unterhielten wir uns sogar, entgegen allen Bestimmungen, während des gemeinsamen Teetrinkens. Nach einiger Zeit wußte er es einzurichten, daß unser freier Tag, der einmal im Monat bewilligt wurde, zusammenfiel. Wir verließen zu verschiedenen Zeiten das Krankenhaus, trafen uns in einiger Entfernung und machten unseren ersten Ausflug. Danach sahen wir uns immer häufiger; wir verlobten uns heimlich. Als wir uns auf einem unserer Ausflüge in einem Bauernhaus an Tee und Rosinenkuchen labten, tauchten plötzlich bei den gastfreundlichen Bauersleuten zwei Stationsschwestern auf, die sich ebenfalls stärken wollten. Die vernichtenden Blicke der fassungslosen Kolleginnen durchbohrten uns wie Dolchstiche.

Während meines anschließenden Nachtdienstes zeigten sich sogleich die Folgen dieses unglückseligen Zusammentreffens. Ich mußte mich morgens bei der Oberin melden. Mir war klar, was mir bevorstand. Ich hatte mich über einen tief eingewurzelten Standesdünkel hinweggesetzt und mußte mit meiner sofortigen Entlassung rechnen. Dem Arzt passierte nichts. Wie deutlich erinnere ich mich an diesen Morgen! „Man hat Sie gestern mit Dr. X gesehen", empfing sie mich knapp und streng, „wie lange geht das schon?" „Verlobt?" Sie kräuselte verächtlich die Lippen: „Ach – was heißt verlobt!" Und nach einer Sekunde: „Sie sind entlassen."

Am nächsten Tag stand ich auf der Straße, bald fand ich in einem Privatsanatorium eine neue Anstellung, die mir weniger anstrengend erschien. Nun brauchten wir uns endlich vor niemandem mehr zu verbergen. Wir sahen uns so oft wie nur möglich. Aber das Benehmen der verwöhnten reichen Patientinnen, die mich wie eine ihrer Hausangestellten tyrannisierten, vermochte ich auf die Dauer nicht zu ertragen; ich fuhr kurz entschlossen nach Hause. In der ersten Zeit kamen fast täglich Briefe aus Manchester, dann wurden sie selten und seltener. Nach einem Urlaubsbesuch in London schrieb Dr. X wieder fleißiger – eines Tages erwähnte meine Tante, daß er sich sehr interessiert nach meinem Vermögen erkundigt habe. Da wußte ich, daß er weniger mich als meine Mitgift haben wollte. Ich war bitter enttäuscht und sandte ihm kurzerhand den Verlobungsring zurück. Meine Tante aber begann zu meinem stillen Ergötzen erneut, sich nach einem Mann für mich umzusehen: nach ihrer Meinung mußte auf jeden Fall geheiratet werden. Es betrübte sie sehr, daß ich statt irgendwelcher Verehrer lieber meine Hamburger Freundin einlud, die ich während unserer Schulzeit in Paris kennengelernt hatte. Auch widmete ich mich meinen Aufgaben bei den Frauenrechtlerinnen noch intensiver als zuvor.

Etwa anderthalb Jahre später hielt ich das Leben zu Hause nicht mehr aus. Die Einladung meiner Freundin, zum Weihnachtsfest den versprochenen Gegenbesuch in Hamburg zu machen, kam mir sehr gelegen. Zur Weihnachtszeit geht es in England nämlich sehr still und nüchtern zu. Die High Church kennt dann nur Beichten und Andacht, sie ist, obwohl reformiert, in vieler Beziehung dem Katholizismus ähnlich. Wir waren zwar Puritaner, in unserer Kirche und in den Familien verliefen die beiden Feiertage jedoch nicht weniger ernst und langweilig. Einen Heiligabend gibt es nicht. Ich war gespannt, welch „fröhliche Weihnachten" mich in Deutschland erwarteten. Ich war jetzt großjährig geworden und hatte mich nach meinen eigenen Wünschen ausstatten können; mit zahllosen guten Ratschlägen der Tante versehen, trat ich die Reise an.

Maud als junges Mädchen in London

Ich war voller Erwartung auf Deutschland, auf seine Sitten und Gebräuche. Schon der Heiligabend in Hamburg war eine solche Überraschung. Das große Speisezimmer blieb den ganzen Tag fest verschlossen, hinter der Tür hörte man emsiges Hin und Her, alles schien voller Geheimnisse. Ungeduldig und in großer Spannung hatten wir auf das Ertönen des Glöckchens gewartet: meine Freundin, ihre beiden sechzehnjährigen Zwillingsbrüder, kecke Kadettenschüler, das etwa sechsjährige Nesthäkchen und ich. Endlich wurde die Flügeltür feierlich aufgetan: strahlender Lichterglanz einer bis zur Decke reichenden, nadelduftenden Tanne erfüllte den Raum. Nachdem einige Weihnachtslieder verklungen waren, konnten wir uns unseren Geschenken widmen. Das war ein freudigbewegter Lärm, ich verstand kaum ein Wort. Ich sah, daß jeder auch für mich wunderschöne Dinge aufgebaut hatte, und war tief betrübt, daß ich für jeden nur, wie bei uns zu Hause üblich, eine kleine Aufmerksamkeit mitgebracht hatte. Auch die Hausmädchen erhielten Geschenke. Nach längerem Aufenthalt merkte ich aber, daß den Mädchen nichts geschenkt wurde. Die Arbeit begann vor Tagesanbruch und endete selten vor Mitternacht, es blieb kaum ein Augenblick freie Zeit. Hatten sie die Hausarbeit geschafft, dann wurde für die „Herrschaft" gestopft, geflickt, gestrickt. So sehr wurden die Hausmädchen nicht einmal bei uns ausgenutzt. Und ich ging auf die Suche nach der deutschen Frauenorganisation, die für die arbeitenden Mädchen eintrat. Vergeblich – im deutschen Kaiserreich schien das Bürgertum an diesen Zuständen nichts auszusetzen.

Als Freundin der Tochter eines geachteten Bürgers wurde ich in den zwei Monaten meines Hamburger Besuches zu mehr als einem Dutzend Hausbällen, zu ungezählten Kränzchen und ähnlichen Veranstaltungen eingeladen – ich mußte mich wieder nach der hier geltenden gesellschaftlichen Etikette richten; schließlich wurde es mir leid, ständig auf dem Präsentierteller herumgereicht zu werden. Ich begann mich in allen möglichen Handfertigkeiten zu üben, lernte Häkeln, Stricken, Sticken. Holzschnitzerei war mir am liebsten. Der erste selbstgefertigte und mit damals sehr modischer Brandmalerei versehene Handschuhkasten war eine Zeitlang mein ganzer Stolz. Zu Hause hatte ich das alles nicht kennengelernt, dort ging der Sport vor. Zweimal in der Woche nahm ich Gesangstunden, jeden Tag übte ich eifrig, auf einer Wohltätigkeitsveranstaltung trug ich ein kleines Lied vor. Obwohl es gut aufgenommen wurde und meine Freundin mich bedrängte, doch mit ihr gemeinsam am Konservatorium zu studieren, konnte ich mich dazu nicht entschließen. Wieder hatte mich das Fernweh gepackt. Es kam mir sehr gelegen, daß meine Tante mir in einem Brief zu einer Deutschlandrundreise mit einem Abstecher in die Schweiz riet. Danach wollte sie mich in Paris erwarten. Ich fand, daß ich meine Freundin lange genug von ihrem Studium abgehalten hatte; außerdem rückte der Frühling bereits näher, und so fuhr ich wieder los.

Erste Begegnung mit Carl

In meinem deutschen Bekanntenkreis wurde stets von einer Rheinreise geschwärmt, begeistert wurden Lieder vom herrlichen Rhein gesungen und Gedichte rezitiert. Auch ich wollte ihn gern sehen, diesen „sagenumwobenen, stolzen" Strom. Vielleicht hatte ich zuviel erwartet – ich war enttäuscht. Gleichförmig reihte sich Weinberg an Weinberg, die Burgen glichen einander, so schien mir, fast zum Verwechseln. Aus meiner Erinnerung taucht ein Bild auf. Es war nach meiner Schulzeit, als mich der Großvater auf eine Weltreise mitnahm, die uns über Spanien nach Nordafrika, Kairo bis Aden führte; wegen seiner Erkrankung mußte die Reise dann vorzeitig abgebrochen werden. Ich erinnere mich, wie wir auf dem Ebro fuhren. Die Berge an den Ufern wirkten urwüchsiger, der Wein rankte sich malerisch, es war ein grünes, sonnenflimmerndes Gewoge. Die Weinberge in Spanien schienen von der Natur geschaffen – am Rhein wirkten sie wie frisiert von allzu emsigen Menschenhänden. Der Besuch mancher Reiseziele auf dieser Fahrt den Rhein entlang war zwar recht interessant, aber richtig erwärmen konnte ich mich nirgendwo. Vielleicht hatte mich auch das Mitgefühl, das ich einem Reisegefährten, einem etwa vierzigjährigen Deutschamerikaner, entgegenbrachte, zu sehr abgelenkt. Er erzählte mir, daß er als ganz junger Bursche nach Amerika ausgewandert sei, „um Geld zu machen". Das wäre ihm auch gelungen, allerdings auf Kosten seiner Gesundheit. In der Schweiz hoffte er sich wieder zu kräftigen, war aber schon ein todgeweihter Mann. Unsere langen, philosophierenden Gespräche schienen ihm heilsam, und so widmete ich mich oft diesem Menschen, der durch Verblendung todkrank geworden war. In Genf schließlich trennten sich unsere Wege, ich fuhr weiter nach Paris.

Ein Jahr später zog es mich doch wieder nach Hamburg, wo ich aber nun auf eigenen Füßen stehen wollte. Es ergab sich für mich ein reiches Arbeitsfeld, da manche Bekannte meiner Freundin gern ihre englischen Sprachkenntnisse erweitern wollten. Auf den Karten, die ich drucken ließ, wurden auch die Stundenhonorare vermerkt: ich sah nicht ein, warum ich den Patriziersprößlingen meine Kenntnisse ohne Entgelt vermitteln sollte. Sie kamen zahlreich, und ich war stolz, durch eigene Arbeit zu meinem Lebensunterhalt beizutragen. Im Laufe der Zeit stießen zu meinem deutschen Schülerkreis noch einige Japaner, Franzosen und Südamerikaner, auch ein Holländer gehörte dazu. Obendrein nahmen der chilenische Konsul und seine Gattin mit ihren drei Töchtern noch Bridgeunterricht bei mir. Bridge war gerade große Mode. Durch diese bunt zusammengewürfelten Leutchen erfuhr ich viel Interessantes aus anderen Ländern. Meine Arbeit machte mir Spaß, und ich nahm mir nun schon zwei möblierte Zimmer. Ich ließ vier Bridgetische aufstellen, und wenn ich gerade keinen Sprachunterricht gab, fand man bei mir stets eifrige Bridge- und Whistzirkel versammelt. Sonntags trafen wir zumeist im Elternhaus meiner Freundin zusammen und bemühten uns, das Gelernte in der Praxis anzuwenden.

Eines Tages bat mich ein häufiger Gast, der mir ganz gut gefiel, um ein Rendezvous. Im Dammtor-Café, nahe dem Zentrum der Stadt, wollten wir uns treffen. Daß ich versetzt werden konnte, war mir gar nicht in den Sinn gekommen. Als ich nach einer halben Stunde noch immer allein an dem kalten Marmortischchen saß, verließ mich die Geduld; ich wollte gerade aufbrechen, da stand vor mir ein blasser, schüchterner Jüngling. Er stellte sich höflich, aber ein wenig unbeholfen vor und entschuldigte seinen Bekannten, einen Arzt, der durch eine plötzliche Operation verhindert sei.

Der schüchterne junge Mann hatte gebeten, sich an meinen Tisch setzen zu dürfen. Sehr bald entpuppte er sich als

Carl v. Ossietzky um 1911 in Hamburg

ein gewandter und kluger Gesprächspartner: Er schien sich zu verwandeln, wenn er sprach, die Worte strömten drängend hervor und hellten das Gesicht erstaunlich auf. Später sagte er mir, daß er wegen seiner Schüchternheit bisher noch nie ein Gespräch mit einer jungen Dame geführt habe. Den Zufall, der sich ihm jetzt bot, schien er unbedingt beim Schopfe packen zu wollen. Er tat das auf eine unaufdringliche, bezaubernde Art, ohne dabei mit seinem reichen Wissen zu prahlen; von seiner anfänglichen Schüchternheit war nichts mehr zu merken. Seine großen blauen Augen in einem feingeschnittenen, jetzt nicht mehr blassen Gesicht, unter glattem blondem Haar blickten mich frei und offen an. Irgendwo habe ich sehr viel später dann gelesen, daß ich Carl auf einem Ball kennengelernt hätte. Das stimmt nicht: hier, in diesem kleinen Café, sind wir uns zum ersten Mal begegnet.

Im Laufe der Unterhaltung merkte ich, daß er sehr viel über die Suffragettenbewegung in England wußte. Es schien mir damals, daß er überhaupt alle Organisationen, die für die Befreiung unterdrückter und leidender Menschen wirkten, kannte. Trotz seiner Jugend hatte er sich schon ein festes Ziel gesteckt: die soziale Ungerechtigkeit, wo immer sie auftrat, anzuprangern und zu bekämpfen.

Wir trafen uns häufig. Gemeinsame Interessen und Probleme binden rascher und fester als die bloße Anziehung von Mann und Frau. Seine Kenntnisse auf den verschiedenen sozialen Gebieten waren so umfassend, daß ich zunächst glaubte, er sei Akademiker, vielleicht auch Journalist. Als er mir freimütig erzählte, daß er als einfacher Schreiber auf dem Grundbuchamt arbeite, daß er wegen versäumter Reifeprüfung keine Aussicht auf Beförderung habe und seinen größten Wunsch, Schriftsteller zu werden, wegen seiner materiellen Lage nicht verwirklichen könne, war ich sehr überrascht.

Trotz dieser Widrigkeiten schrieb er Artikel für „Das freie Volk“, die Wochenzeitung der Demokratischen Vereinigung[2] in Berlin, und Dr. Glaser, der Redakteur, hatte ihn aufgefordert, auch einmal einen Leitartikel zu schreiben – das steigerte noch meine Hochachtung für ihn und seine Arbeit. Immer häufiger kamen wir zusammen, um über neue, uns interessierende Probleme zu sprechen. Manchmal spazierten wir stundenlang durch die Vororte Hamburgs an der Elbe entlang. Dann wieder besuchten wir Museen und Ausstellungen; bei wichtigen Premieren saßen wir auf Galerieplätzen im Theater, begeisterten uns gemeinsam an guten Inszenierungen oder pfiffen auch gemeinsam schlechte Stücke aus. Nach einiger Zeit stockten unsere Gespräche manchmal; wir vermieden, uns in die Augen zu sehen, keiner wollte dem anderen seine Zuneigung zeigen. Ich wollte gern seinen Geburtstag erfahren, aber stets wußte er geschickt davon abzulenken. Eines Tages im Oktober bat er mich, mit ihm in ein Konzert zu gehen. Um seiner Einladung mehr Gewicht zu geben, fügte er, sich damit verratend, hinzu, meine Einwilligung wäre für ihn die schönste Geburtstagsfreude. Nie zuvor hatte ich mich mit so viel Freude „feingemacht“: ich trug einen schwarzen Abendmantel und ein schlichtes, weinrotes Kleid, ein Modell, das ich mir aus Paris mitgebracht hatte. Mein Kavalier erschien ungewohnt in einem Smoking, den er sich, wie ich später erfuhr, zu diesem Tag hatte anfertigen lassen. Keiner von uns beiden hat überhaupt gemerkt, welche Musikstücke gegeben wurden: für uns ertönten nur Sphärenklänge...

In einer kleinen Weinstube in der Rotenbaumchaussee sollte der Abend festlich beschlossen werden. Dort fand ich endlich Gelegenheit, mein Geschenk, eine kleine antike indische Goldmünze als Krawattennadel gefaßt, zu überreichen. In seinen Augen spiegelte sich Freude, gepaart mit Schreck. Nach kurzer Überwindung erklärte er, ein so kostbares Stück nicht annehmen zu können. Erst als ich ihm versicherte, daß ich die Münze geerbt und ein Juwelier, Vater von vier meiner Schüler, die Fassung kostenlos für mich angefertigt habe, war er beruhigt und freute sich sehr. Die kleine Feier schien gut gelungen. Ein guter Wein beschwingte uns – das formelle „Sie“, bisher ein fester Wall gegen unsere stän-

Das junge Paar um 1913

dig stärker werdenden Empfindungen, wurde endgültig verabschiedet.

Als es schon spät war, merkte ich, daß Carl stiller und stiller wurde und schließlich recht bedrückt aussah. Sein Verhalten war mir rätselhaft. Gab es in seinem Leben etwa einen dunklen Punkt? Hatte er etwas zu beichten und fürchtete, keine Absolution zu erlangen? War er deshalb so auffallend still, weil er nach geeigneten Worten suchte? Langsam tastete ich mich vor, auf mancherlei Überraschungen gefaßt. Endlich hatte ich ihm die Ursache für seine Betrübnis entlockt: da sein Gehalt nur langsam anstieg, sah er vor Ablauf von etwa zwölf Jahren keine Möglichkeit, sich zu binden, und da er mich nicht so lange warten lassen wollte, mußten wir uns nach seiner Meinung trennen. Ich spürte, daß es ihm damit ernst war, aber gleichzeitig spürte ich in seinem Blick den zaghaften Wunsch zu hören, daß ich auch zwölf Jahre warten würde. Das allein hätte mich wahrlich nicht geschreckt, aber ich konnte nicht an seine ehrliche Liebe glauben, wenn er eine glückliche Ehe von materiellem Besitz abhängig machen wollte. Das sagte ich ihm, ich sagte ihm auch, daß wir klein und bescheiden beginnen könnten wie auch viele andere Menschen. Ich konnte ihn aber nicht überzeugen. Er beschwor, daß er mich sehr liebte, wollte aber vor der Ehe unbedingt erst eine materielle Grundlage schaffen. Von dieser Anschauung ließ er nicht ab. Ich überlegte fieberhaft, ob es ratsam sei, ihm mein Geheimnis zu entdecken: mein Vermögen gestattete uns ein sorgenfreies Leben, auch seine Existenz als Schriftsteller wäre gesichert. Ich zögerte. Er würde das ablehnen, bestimmt. So gut kannte ich ihn schon. Gerade von der Frau, die er liebte, würde er eine solche Hilfe nicht annehmen.

Ohne einen Entschluß, ohne einen festen Plan verabschiedeten wir uns. Plötzlich schien etwas zwischen uns zu stehen, die wir eben noch glücklich vereint waren. Dennoch mußte ich leise lächeln, als ich einen Vergleich zwischen früher und heute anstellte. Damals in Manchester wollte ein Mann gerade mein Geld als Grundlage für eine Ehe, hier in

Hamburg nützte mir mein Vermögen gar nichts, stand uns eher noch im Wege. Gut – ich wollte vorläufig warten, eine lange Zeit warten, vielleicht sogar zwölf Jahre. Aber wir hatten uns verabschiedet, waren unschlüssig auseinandergegangen, ohne eine bindende Verabredung. Sollte ich ihn wirklich nicht wiedersehen?

Zwischen Verlobung und Hochzeit

Das abwechslungsreiche und sorglose Leben im Kreise meiner Freundinnen und Bekannten konnte die Trauer über unser Auseinandergehen nicht besänftigen. Die vertrauten Wege, die ich sonst mit Carl gegangen war, ging ich nun allein. Der November mit seinen fast kahlen Bäumen und dem toten, unter den Schritten raschelnden Laub, mit grau verhangenem, kaltem Himmel nahm mir den letzten Hoffnungsschimmer.

Anfang Dezember, an einem dunklen, regnerischen Spätnachmittag lief ich wieder einmal die aufgeweichten Pfade und Alleen an der Alster entlang. Es hatte in Strömen zu regnen begonnen, ich spürte es nicht. Plötzlich tauchte an meiner Seite eine Gestalt auf und bot mir höflich einen Schirm an. Wortlos nahm Carl meinen Arm und beschirmte mich fürsorglich auf dem Weg nach Hause. In stummem Einverständnis gingen wir in eine kleine Konditorei, die uns in dem unaufhörlichen Regen wie eine freundliche Insel erschien.

Auf meine fragenden Blicke hin gestand Carl ein, mich die ganze Zeit auf meinen Spaziergängen beobachtet zu haben; er habe sich buchstäblich den Kopf zerbrochen, wie unser gordischer Knoten zu lösen sei. Er habe nichts von sich hören lassen, da er noch immer keine Lösung vorzuschlagen wüßte; nur der starke Regen habe ihn veranlaßt, mir zu Hilfe zu kommen.

Er machte einen derart niedergeschlagenen Eindruck wegen unserer vermeintlich gescheiterten gemeinsamen Zukunft, daß es mir an der Zeit schien, uns offen auszusprechen. Ruhig, beinahe sachlich, begann ich ihm darzulegen, wie wir unser Leben gestalten könnten. Ich sei keineswegs so anspruchsvoll, wie er annähme; ich verstünde mich sehr wohl einzurichten und könnte im übrigen meinen Schülerkreis noch vergrößern und damit zum gemeinsamen Lebensunterhalt beitragen. Wenn er mich wirklich zu seiner Lebensgefährtin machen wolle, seien seine Hemmungen unbegründet, und wir brauchten keine zwölf Jahre zu warten. Punktum! Schon während ich sprach, hatte sich sein Gesicht mehr und mehr aufgehellt: er war gar nicht daraufgekommen, daß ich durch meine Arbeit zu unserer Gemeinschaft beitragen konnte. Bisher hatte er immer geglaubt, ein Pechvogel zu sein. Optimistisch schmiedeten wir sogleich helle Zukunftspläne und erwogen mit heißen Köpfen alle Möglichkeiten. An diesem Abend wußten wir, daß uns nun nichts mehr zu trennen vermochte.

Carl hatte sich durch das alles nicht von seiner Arbeit ablenken lassen. Als freier Mitarbeiter schrieb er jetzt auch für die Blätter des Monistenbundes[3]; auch war er als Leiter der Ortsgruppe Hamburg der Demokratischen Vereinigung Deutschlands tätig. Er hielt Vorträge; an einen Abend im Hansa-Hotel erinnere ich mich noch: er sprach über „Militärdiktatur oder Bügerrechte“, ich saß in der letzten Reihe und war stolz auf ihn, wie er es verstand, mit seiner leisen eindringlichen Stimme seine Zuhörer zu fesseln.

Diese Arbeit füllte ihn sehr aus. Die Ziele dieser kleinen Partei entsprachen so ganz seinen eigenen Vorstellungen: staatsbürgerliche Gleichheit, Freiheit, Beseitigung von Klassenvorrechten und wirtschaftlichen Vorrechten. Zu den Mitbegründern dieser Partei gehörten auch Hellmut von Gerlach[4], Rudolf Breitscheid und Minna Cauer[5]. Als Anhängerin der englischen Frauenbewegung fand ich über diese deutsche Frauenführerin Zugang zu dem Kreis, der so entscheidend auf Carl einwirkte. Mit großem Interesse las ich im „Freien Volk“ über die Arbeit des Vereins „Frauenwohl“, den Minna Cauer 1888 begründet hatte. Als ich das erstemal in Deutschland zu Besuch war, hatte ich von der Existenz der deutschen bürgerlichen Frauenbewegung keine Spur gefunden; es lag wohl an der sehr konservativen Haltung der

Familie meiner Freundin. Durch Carl erfuhr ich so viel mehr, durch ihn wurde ich in Deutschland heimisch.

So ging die Zeit hin; es war Frühling geworden. Unsere schönste Erholung waren die abendlichen Spaziergänge. Noch immer waren wir nicht in der Lage, den Termin unserer Hochzeit festzusetzen. Carl wollte sich aber meiner endgültig versichern. So sprang er eines Abends, als wir im Mondschein an der Alster promenierten, impulsiv über ein niedriges Gitter vor einem Rosenbeet, brach schnell eine weiße Rose und überreichte sie mir mit romantischer Feierlichkeit. Das war unsere Verlobung. Ohne großes Pathos, ohne Äußerlichkeiten hatten wir uns verlobt – nichts schien mir schöner als diese eben gebrochene Rose. Doch plötzlich stand, wie aus der Erde gewachsen, ein Polizist mit Notizbuch und gezücktem Bleistift neben uns, um Carl wegen seines Frevels aufzuschreiben und eine Strafe einzukassieren. Wir brachten vor Schreck kein Wort hervor. Carl faßte sich zuerst und gestand dem allzu eifrigen Hüter des Gesetzes, daß wir uns soeben verlobt hätten. Der Gute war offensichtlich gerührt und entfernte sich stillschweigend.

Auf dem Nachhauseweg schlug ich vor, uns an einem der nächsten Abende mit unserem Freundeskreis zu einer kleinen Feier in einem Austernkeller zu treffen. Carl war einverstanden, und so beschlossen ein paar fröhlich-festliche Stunden, mit Blumen, Austern und Sekt, unsere Mondscheinverlobung an der Alster.

Unser Verlöbnis war nur unserem engsten Freundeskreis bekannt, nicht einmal Carls Eltern wußten davon. Vielleicht hätten sie Schwierigkeiten gemacht, erst im Oktober vollendete er sein einundzwanzigstes Lebensjahr. Meinen ersten Besuch in seinem Elternhaus schoben wir bis zu dem bevorstehenden Weihnachtsfest auf. Als Carl den Besuch seiner Verlobten ankündigte, konnte sich der Vater eines erstaunten, etwas skeptischen Lächelns nicht erwehren – dem schüchternen Jungen hatte er eine Braut, noch dazu eine Engländerin, einfach nicht zugetraut. Der Mutter aber ging endlich ein Licht auf, warum Carl das ganze Jahr zu den sonntäglichen Ausflügen doppelte Frühstückspakete mitgenommen hatte.

Am Vormittag des 24. Dezember ging Carl, wie üblich, auf den Weihnachtsmarkt und kaufte ein paar Kleinigkeiten ein. Er hatte auch stets einmal das Glücksrad gedreht, Lose gekauft oder gewürfelt, und Fortuna war ihm immer wohlgesinnt gewesen. Diese Vorliebe für Märkte und Rummelplätze hatte er noch lange; dieses bunte, nicht alltägliche Treiben entsprach seinen in der Jugend stark ausgeprägten Zügen für Romantik.

Danach holte er mich ab, und wenig später erschienen wir klopfenden Herzens in seinem Elternhaus. Auch die förmliche Vorstellung ging vorüber, gemeinsam saßen wir an einer gemütlichen Kaffeetafel. Ich spürte aber doch den inneren Widerstand von Carls Mutter; offensichtlich war sie eifersüchtig und zugleich ärgerlich über die Eigenmächtigkeit ihres Sohnes; mit dem Vater hatte ich sogleich Kontakt.

Plötzlich rief eine Hiobsbotschaft mich dringend nach London. Ein Krebsleiden ließ meine Tante voraussichtlich nur noch kurze Zeit leben. Das schrieb sie mir selbst; sie war eine Frau, die den Tatsachen stets furchtlos ins Auge sah, und sie hatte von den Ärzten gefordert, ihr die Diagnose ehrlich mitzuteilen. Sie stellte mir frei, diese letzten Monate an ihrem Krankenlager zu verbringen oder, ohne daß sie mir deswegen grollte, mich in Hamburg weiter Carl und unseren Plänen zu widmen.

Schon drei Tage später war ich an ihrer Seite. Nur mühsam konnte ich meine Erschütterung verbergen, als ich sie auf ihrem Schmerzenslager sah. Meine Lehrzeit als Schwesternschülerin erwies sich jetzt als sehr nützlich. Ich konnte der Kranken keine größere Freude machen, als ständig bei ihr zu sein. Sie konnte nur noch winzige Mengen Nahrung zu sich nehmen, die ich ihr zubereitete. Auch alle anderen Angelegenheiten übertrug sie mir, froh darüber, sich deshalb nicht an Fremde wenden zu müssen. An den Abenden las ich ihr, auf ihren Wunsch, alle noch vorhandenen Briefe, die sie im Laufe ihres Lebens erhalten hatte, noch einmal vor und verbrannte sie dann. Zum erstenmal sah ich dabei auch die Handschrift meiner verstorbenen Mutter. Obwohl sie damals, beim Schreiben des betreffenden Briefes, noch eine junge und gesunde Frau war, bat sie die Schwester im fernen Europa, im Falle ihres Todes ihre beiden Kinder in ihre Obhut zu nehmen. Mein Bruder war wesentlich älter als ich und Offizier geworden – wie mein Vater. Wie ernst meiner Tante diese freiwillig übernommene Verpflichtung gewesen war, hatte ich in all den Jahren erfahren können. Oft genug hatte meine Dickköpfigkeit ihr das Leben erschwert. Ich wollte gutmachen, was noch gutzumachen war: nicht vom Krankenbett weichen, ermuntern, helfen, wie lange es auch dauern mochte. Carl zeigte sich gerade in dieser Zeit sehr besorgt um mich – in einem seiner Briefe schrieb er: „Meine Maudie, am Sonntagabend bin ich ausgegangen und traf ganz zufällig meinen Freund und seine Dame. Wir blieben zusammen – fast die ganze Nacht. Und so ist es gekommen, daß ich wieder einmal in vergnügtester Gesellschaft war – und in bester Laune. Ja, mein kleiner Liebling, ich habe mehr Glück als Du. Ich weiß, daß Du Dich darüber freuen wirst. Aber schön ist es eigentlich nicht, daß ich Dir immer schreibe, wie gut es mir geht, und Du mir nur immer Leid mitteilen kannst. Maudie, ich bitte Dich, sei stark während der schlimmen Zeit, die Du jetzt bei der alten, kranken Frau durchzumachen hast... Jetzt, wo Du mir fehlst, fühle ich erst, wie glücklich ich doch gewesen war, als Du noch an meiner Seite gingst. Ich begreife gar nicht, daß ich manchmal mürrisch und verstimmt war, daß ich mich von Sorgen gefangennehmen ließ. Das fühle ich jetzt erst. Wenn wir wieder zusammen sein werden, liebes Kind, wollen wir uns nicht von Sorgen und trüben Dingen überwältigen lassen. Mögen die Dingen kommen, wie sie wollen – wir wollen uns freuen, daß wir uns haben dürfen..."

Die Lebensfrist meiner Tante war inzwischen nahezu abgelaufen, ihr Zustand wurde immer bedenklicher. Mitte Dezember, nach fast genau sechs Monaten, schloß die Kranke ihre Augen für immer.

Zu Weihnachten 1912 war ich wieder in Hamburg. Trotz unserer Wiedersehensfreude verliefen die Festtage leise und gedämpft. Aus Gründen der Pietät schoben wir den Hochzeitstermin weit hinaus. Im Frühjahr entschieden wir uns für den August, Carls Urlaubsmonat. Meine Jugendfreundin in England hatte mir nach dem Tode der Tante angeboten, die Hochzeit in ihrem Hause auszurichten. So fuhr ich schon einige Wochen vorher an unseren Trauungsort, nach Fairhaven, Thundersley/Essex, dem Wohnsitz der Macgregors. Anfang Juli traf ich voll freudiger Erwartung dort ein; die Trauung sollte in der aus dem 14. Jahrhundert stammenden Kirche St. Peter, Thundersley, stattfinden. Die Wochen vergingen in einem Wirbel rastloser Tätigkeit. Allabendlich studierten wir eifrig die zahlreichen Kataloge und Prospekte, Freunde und Bekannte halfen beim Aussuchen. Einmal äußerte ein Bekannter, nach der Auswahl eines besonders schönen Gegenstandes, abfällig: „Viel zu kostbar! Das versteht ein Deutscher doch nicht zu würdigen!“ Dem habe ich es aber gegeben. Als er schließlich, auf meine herausfordernde Frage, ob „Maria Stuart“ von Schiller oder von Goethe sei, prompt antwortete „von Goethe!“, da hatte ich die Lacher auf meiner Seite. Der Hausherr, ein Schotte, sorgte mit seinem Dudelsack für Unterhaltung.

Endlich hatte ich die Aussteuer und den gesamten Hausrat beisammen und wartete nun voller Aufregung auf Carl. In einem seiner Briefe, Anfang August 1913, schrieb er mir: „Ich fahre Sonnabendabend um 11 Uhr 30 ab und komme Sonntagabend nach 7 Uhr an der Victoria-Station an... Ich hätte Dir so unendlich viel zu sagen, aber auf dem Papier klingt alles so leer. Und ich schwärme nicht für Phrasen. Und was ich Dir zu sagen habe, das ist nichts Papiernes, das ist auch nichts, was sich in einem Monolog erledigen läßt: dazu braucht man eine zweite Person. Ach Liebling, ich habe eine große Sehnsucht nach Dir...“

Nach einem Telegramm Carls eilte ich zum Bahnhof; ich war von dem Wunsch erfüllt, er möge bei seinem ersten Schritt auf englischen Boden von meinem Heimatland den besten Eindruck gewinnen. Fast sämtliche Fahrgäste waren schon durch die Sperre gegangen, der Bahnsteig war beinahe leer, aber Carl kam nicht zum Vorschein. Aufgeregt eilte ich den Zug entlang, eifrig in jedes Abteil blickend. Im letzten Wagen endlich gewahrte ich einen Schatten: Carl. Sein Gesicht sah ganz grüngelb aus. Die Überfahrt hatte ihm böse mitgespielt, er war erbärmlich seekrank geworden – aus dem ersten guten Eindruck, auf den ich gehofft hatte, war natürlich nichts geworden.

Bereits am nächsten Morgen hatte Carl sich jedoch schon so weit erholt, daß er ins nächste Städtchen fuhr, das Brautbukett zu bestellen. Ich packte inzwischen seinen Koffer aus. Um einem möglichen Konflikt mit seiner Mutter aus dem Wege zu gehen, hatte Carl zu Hause den wahren Grund seiner Englandreise verschwiegen; er hatte nur gesagt, daß er für die Dauer seines Urlaubes eingeladen worden sei. Er hatte alle seine Sachen selbst eingepackt, und ich war verblüfft über seine Sorgfalt und Umsicht. Am Abend vor der Trauung übten wir die Hochzeitszeremonie. Der Gastgeber spielte den Pfarrer, und die Unterrichtsstunde begann. Es gab komische Zwischenfälle dabei. Wahre Lachstürme und ungezwungene Heiterkeit ersetzten Carl den in England unbekannten Polterabend. Zum Abschluß sangen wir gemeinsam schottische, englische und deutsche Lieder.

Der 19. August 1913 war ein herrlicher Sommertag. Meine Freundin weckte mich und überreichte mir einen Rosenstrauß. Sie hatte auch Sandelholzkristalle besorgt, die schönsten Düfte Indiens umgaben mich. Als die letzte Orangenblüte in meinen Schleier gesteckt, der Faltenwurf des Brautkleides gerichtet war, kam Carl, einen Teerosenstrauß in der Hand, um mich abzuholen. Den kurzen Weg zu der idyllisch auf einem Hügel gelegenen Dorfkirche gingen wir durch ein Spalier von Einwohnern. Die Jungen und Mädchen bewarfen uns, der Sitte gemäß, fleißig mit Reiskörnern: das junge Paar soll nie Mangel leiden! Die spitzen Dingerchen kollerten in unsere Kleidung und verursachten uns während der Trauungsfeierlichkeiten keine geringen Be-

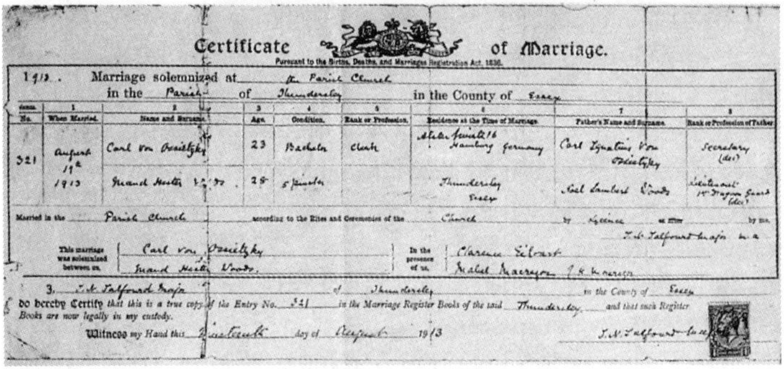

Certificate of Marriage.

Pursuant to the Births, Deaths, and Marriages Registration Act, 1836.

1913. Marriage solemnized at the Parish Church
in the Parish of Thundersley in the County of Essex

Columns: No.	1 When Married	2 Name and Surname	3 Age	4 Condition	5 Rank or Profession	6 Residence at the Time of Marriage	7 Father's Name and Surname	8 Rank or Profession of Father
321	August 19th 1913	Carl von Ossietzky	23	Bachelor	Clerk	Alsterpavillon 16 Hamburg Germany	Carl Ignatius von Ossietzky	Secretary (dec)
		Maud Hester Woods	28	Spinster		Thundersley Essex	Noel Lambert Woods	Lieutenant 1st Dragoon Guards (dec)

Married in the Parish Church according to the Rites and Ceremonies of the Church by Licence or after by me, T. N. Talfourd Major M.A.

This marriage was solemnized between us, Carl von Ossietzky, Maud Hester Woods.
In the presence of us, Clarence Gilbert, Mabel Macregor

I, T. N. Talfourd Major of Thundersley in the County of Essex do hereby Certify that this is a true copy of the Entry No. 321 in the Marriage Register Books of the said Thundersley and that such Register Books are now legally in my custody.

Witness my Hand this Nineteenth day of August 1913

T. N. Talfourd Major

Die Hochzeit am 19. August 1913 in Fairhaven, Thundersley/Essex

Die englische Heiratsurkunde

schwerden. Als Carl während der Zeremonie die sorgfältig in der Westentasche aufbewahrten Trauringe herausnehmen wollte, ereignete sich ein kleines Mißgeschick: man hörte ein feines Klingen, und die beiden Ringe rollten nach verschiedenen Richtungen davon.

In den Zeitungen wurde über unsere Hochzeit berichtet: „The Times", „The Ladies' Field", „Southend Standard" und „Essex Weekly Advertiser" gaben mehr oder weniger ausführliche Darstellungen davon. Es liest sich sehr komisch heute, mit welcher Akribie die Garderobe, die Trauung, das Essen und die Tischrede Carls beschrieben wurden. Es erinnert sehr an die 1930 geschriebene Satire Tucholskys: „Ballberichte". Zum Vergleich eine kleine Kostprobe:

„Die Braut trug ein elfenbeinfarbenes Seidenkleid, verziert mit alter Spitze aus Familienbesitz. Als einzigen Schmuck zierte sie eine mit Perlen eingefaßte Miniatur, die von einem ihrer Vorfahren mütterlicherseits stammt, von General Palmer, der einige Zeit Sekretär von Warren Hastings war. Miß Margaret Hardie, die Brautjungfer, trug ein Chiffonkleid in Saxe-bleu mit einem bildschönen Hut. Mr. Gurlyn James war der Brautführer. Das Festmahl fand in Fairhaven, Thundersley, statt. Danach reisten Herr und Frau von Ossietzky nach London mit Ziel Kontinent ab. Frau von Ossietzky trug dabei ein schwarzes Atlasseidenkleid, rosenfarben abgesetzt, und einen dazu passenden Hut..."

Sonnenschein und Gewitterwolken

Gleich nach der Hochzeit stellte unser guter alter Hausarzt, der mich von Kindheit an kannte, uns für die geplante Fahrt durch England sein Auto mit Chauffeur zur Verfügung. Carl sollte meine Heimat kennenlernen. Unser erstes Ziel war London. Da wir in den zwölf Urlaubstagen möglichst viel sehen wollten, konnten wir uns nirgends lange aufhalten. Doch für die berühmtesten Sehenswürdigkeiten ließen wir uns Zeit, Carls Liebe für Museen und Galerien kam nicht zu kurz. Mit wachen Augen und voll Begeisterung nahm er die vielen neuen Eindrücke auf. Als ich ihm ankündigte, ihm jetzt auch Bilder meiner Vorfahren zu zeigen, glaubte er, daß ich ihn in irgendein altes Kastell führen würde; er vermutete sie nicht in der Nationalgalerie, wo auf etwa 25 Gemälden Mitglieder meiner Familie, zum Teil hohe Würdenträger vom 15. Jahrhundert an, dargestellt sind. Carl meinte lachend: „Wenn du meine Ahnen sehen willst, dann müssen wir sie erst irgendwo in Polen suchen, denn so genau kann ich die Geschichte meiner Familie nicht nachweisen, man kann sie nicht gerade seßhaft nennen." Gern wären wir damals auch nach Polen gefahren, leider reichte aber dazu nicht die Zeit, und später hatten wir für solche Entdeckungsfahrt kein Geld.

Ein Weg führte uns auf das deutsche Konsulat; unsere Ehe wurde damit auch nach deutschem Gesetz rechtskräftig. Ich machte Carl mit meinem Rechtsanwalt bekannt und unterschrieb ein Dokument zum erstenmal mit meinem deutschen Namen. Bei dieser Gelegenheit erfuhr Carl die Höhe meines ererbten Vermögens. Er bekam einen Riesenschreck und pries meine Diplomatie: wäre es ihm vorher bekannt gewesen, so meinte er lachend, hätten wir nie geheiratet. Er sollte sich nicht lange mit dem Geld aus Aktien und Grundstückspapieren herumzuschlagen brauchen: ein Jahr später, bei Ausbruch des ersten Weltkrieges, wurde mein gesamtes Vermögen beschlagnahmt, und wir besaßen keinen Pfennig mehr. Carl befürchtete zwar damals schon militärische Auseinandersetzungen, hielt den Zeitpunkt aber für nicht so nahe.

Unsere Hochzeitsreise trübte kein Schatten. Von London fuhren wir nordwärts bis hinauf nach Schottland. Für Irland blieb keine Zeit mehr. Holland, Brüssel und Paris konnten wir auch nur streifen, das vermaledeite Grundbuchamt in Hamburg forderte sein Recht.

Während ich in England unsere Hochzeit vorbereitete, war im „Freien Volk" in Berlin am 5. Juli 1913 ein Artikel Carls erschienen, der das Mißfallen des preußischen Kriegsministers v. Falkenhayn hervorgerufen hatte. Davon hatte Carl mir nichts gesagt, um mir nicht die Freude zu verderben. Vielleicht sah er auch zu diesem Zeitpunkt noch nicht die Folgen, die ihm aus diesem Artikel erwachsen sollten.

Zwei Tage vor Carls Dienstbeginn kamen wir auf dem Hamburger Hauptbahnhof an. Wäre ich nur gleich nach Hause gegangen, ich hätte mir dann eine Enttäuschung erspart. Carl wollte nämlich zunächst seine Eltern von unserer Hochzeit in Kenntnis setzen und mich nach etwa einer Stunde aus dem Wartesaal abholen. Aus der einen wurden zwei, drei, vier Stunden. Um ein Uhr morgens war ich der letzte Gast in dem spärlich erleuchteten Wartesaal. Der Kellner schlief in einer Ecke, und Sorge und Ungewißheit verhinderten, daß auch mir die Augen zufielen. Endlich erschien Carl eiligen Schrittes, kalkweiß im Gesicht, eine tiefe Falte auf der Stirn. Er zwang sich ein kleines Lächeln ab: „Komm, wir gehen ins Hotel gegenüber, zu dir ist es zu weit." Ich fragte nicht, machte ihm keine Vorwürfe, ich wußte genug.

Erst am nächsten Tag berichtete er mir. Völliger Bruch. Trotz stundenlanger Bemühungen, gemeinsam mit seinem Stiefvater, war es nicht gelungen, die Starrköpfigkeit der

Preis 10 Pfg.

Das freie Volk

Demokratisches Wochenblatt

Erscheint jeden Sonnabend.

Redaktion und Geschäftsstelle: Berlin-Schöneberg, Hauptstraße 10 :: Fernsprecher: Amt Lützow, Nr. 6466. ::

Abonnement: Mark 1.— vierteljährlich (exklusive Bestellgeld) bei allen Postanstalten (Postzeitungsliste 1910, Nachtrag I) :: ::
Inserate: 50 Pfennig pro Zeile (Familien-Anzeigen 25 Pfennig) durch Erich Kahle, Charlottenburg V, Bebbel-Straße 9, Tel. Wilhelm, 3050.

Das Erfurter Urteil.

Von Carl von Ossietzky-Hamburg.

„Fedja: Und Sie, der Sie an jedem Ersten mit einigen Groschen für Ihre Gemeinheit bezahlt werden, Sie ziehen sich Ihren Uniformrock an und tun sich nun groß über jene Leute, deren kleiner Finger mehr wert ist als Sie im ganzen, und die Sie nicht einmal ins Vorzimmer hineinlassen würden. Sie haben sich hinaufgeschustert und freuen sich nun.

Der Richter: Ich lasse Sie abführen."

(Tolstoi: „Der lebende Leichnam".)

Drei Landwehrleute sollen auf fünf Jahre ins Zuchthaus wandern; ein paar andere erhalten bittere Gefängnisstrafen. So entschied das Kriegsgericht zu Erfurt. Grund: Alkoholausschreitungen. Schaden hat es außer der Aufregung nicht gegeben. Was kann man bei einem bürgerlichen Gerichte nicht alles für fünf Jahre Zuchthaus haben! Hunderttausende stehlen, seine Zeit abreißen und nachher als Rentner leben; im Affekt einen Mord begehen, den milde Richter als Totschlag auslegen. Milde Richter! Die militärische Justitia hat nicht nur verbundene Augen, sondern auch verstopfte Ohren und ein gepanzertes Herz. Alkoholausschreitungen sind häßlich. Aber so lange der Saufteufel noch eine Großmacht ist, wird nur eine ge-

„Das Erfurter Urteil": der Anlaß für den preußischen Kriegsminister, gegen Ossietzky Anklage zu erheben[6]

Von links nach rechts: Ludwig Tügel, Carl, Heinrich Assmann, Maud.
Hamburg 1914

Mutter zu besiegen. Sie fühlte sich zutiefst beleidigt, daß ihr Sohn nach seinem eigenen Willen schon geheiratet und sie vorher nicht einmal von der Hochzeit in Kenntnis gesetzt hatte. Sie dachte nicht daran, mich zu empfangen.

Unter diesen Umständen ging auch Carl nicht zu ihr hin. Er hatte seine Tätigkeit im Grundbuchamt wieder aufgenommen, auch seine Arbeit für „Das freie Volk" und für die Demokratische Vereinigung setzte er wieder fort. Sein Tag war voll ausgefüllt. Hinzu kam, daß wir auf der Suche nach einer geeigneten Wohnung waren.

Kurz vor Weihnachten begegnete Carl seiner Mutter auf der Straße. War es das bevorstehende Weihnachtsfest, das eine Sinnesänderung der gestrengen Mutter bewirkte? Sie lud uns beide zum Kaffee am ersten Weihnachtsfeiertag ein.

Weil wir keine für uns geeignete Wohnung finden konnten, beschlossen wir im Frühling 1914, gemeinsam mit den Schwiegereltern eine große Wohnung zu mieten. Das war ein schwerer Fehler. Bis dahin waren wir glücklich und zufrieden gewesen, jetzt begann für mich der schwierige Weg einer ungern gesehenen Schwiegertochter. Ich war und blieb der Mutter Carls ein Dorn im Auge; nichts konnte ich ihr recht machen, so sehr ich mich auch bemühte.

Aber mehr als die kleinen Unstimmigkeiten, die sich aus dem Zusammenleben mit den Schwiegereltern ergaben, verband uns eine Sorge: der Kriegsminister hatte Anklage gegen Carl und Dr. Glaser, den Redakteur der Zeitschrift „Das freie Volk", erhoben wegen des Artikels „Das Erfurter Urteil", der im Juli 1913 erschienen war. Ein Prozeß stand bevor. Am 7. Mai 1914 hatte Carl als Angeklagter in Berlin-Moabit zu erscheinen. Das Grundbuchamt dispensierte ihn; ein Senatsangestellter, gegen den der preußische Kriegsminister Anklage erhoben hatte, war natürlich im deutschen Kaiserreich untragbar.

Ich konnte die schwerwiegenden Beschuldigungen einfach nicht verstehen. Carl hatte doch nur sein Befremden über die langjährigen Gefängnisstrafen geäußert, die man über drei einfache Soldaten verhängt hatte. Die drei hatten in einer Wirtschaft feuchtfröhlichen Abschied von ihrer dreijährigen Dienstzeit gefeiert. Ein schnauzbärtiger Polizist rief sie grob zur Ordnung und flog daraufhin mit Schwung aus der Wirtshaustür. Wegen „Beleidigung der Uniform“ wurden Gefängnisstrafen von sieben, fünf und drei Jahren ausgesprochen. Allgemein empfand man das Urteil als viel zu hart, ja als unmenschlich. Carl hatte den Mut, diese Meinung der Öffentlichkeit auch öffentlich zu äußern.

Wir fuhren Anfang Mai nach Berlin. Zum erstenmal sah ich die Hauptstadt Deutschlands. Es hatte mich schon lange gereizt, diese Stadt kennenzulernen; doch unter welchen Bedingungen kam ich nun dorthin. Wir nahmen Quartier in der Nähe des Tiergartens; Frühling in Berlin, verlockend und zauberhaft dufteten die Knospen, aber drohend über allem stand die Anklage wegen „öffentlicher Beleidigung“ der Mitglieder des Erfurter Kriegsgerichts.

Als wir an jenem herrlichen Maimorgen den Gerichtssaal in Berlin-Moabit betraten – Carl als Angeklagter und ich als „Zuhörerin“ –, war nichts mehr vom Berliner Frühling zu spüren: düster und von preußischer Kargheit war der Gerichtssaal.

Nach dem ersten Verhandlungstag war Carl eher bereit, die vom Staatsanwalt beantragten 30 Tage Haft anzutreten, als daß eine mittellose Zeitung die Kosten von 300,– Mark für jeden Angeklagten bezahlen sollte.

In seiner Rede vor Gericht betonte Carl, er habe als Demokrat und Gegner der besonderen Militärgerichtsbarkeit am „Erfurter Urteil“ die Notwendigkeit einer Beseitigung dieser Gerichtsbarkeit nachweisen und den schwächlichen Reichstag in dieser Richtung anspornen wollen.

30 Tage Haft oder 300 Goldmark Geldstrafe! Dieser Antrag des Staatsanwalts klang in uns nach, als wir aus der stikkigen, gespannten Atmosphäre des Verhandlungssaales in die befreiende Mittagshelle hinaustraten. Dr. Glaser bot Carl an, die 600 Mark für beide zu beschaffen, auch unsere Freunde boten ihre Unterstützung an. Carl lehnte das ab. Wenn ein Staat aus Recht Unrecht macht, dann solle dafür

eine für dieses Recht kämpfende Zeitung genausowenig zahlen wie er selbst oder seine Freunde – er werde die 30 Tage auf Staatskosten leben. Gemeinsam versuchten wir, Carl von seinem Entschluß abzubringen. Wir redeten auf ihn ein, daß die Haft der Sache keinen Nutzen bringe und ihn selbst nur an der Arbeit hindere, schließlich lenkte er ein: „Also gut“, sagte er, „wenn ihr Habenichtse bis übermorgen solch ein Heidengeld zusammenbekommt, soll es mir recht sein.“ Innerlich war er davon überzeugt, daß das Geld ja doch nicht zusammenzubringen war.

Ich war über Carls Starrköpfigkeit recht bestürzt. Daß das Urteil – für jeden Angeklagten 200,– Mark Geldstrafe – dann doch noch recht glimpflich war, hatten die Angeklagten zu einem großen Teil dem glänzenden Plädoyer ihres Verteidigers Dr. Halpert, eines Vorstandsmitgliedes der Demokratischen Vereinigung, zu verdanken.

Am nächsten Vormittag suchte ich Dr. Glaser in seiner Arztpraxis auf. Ich bat ihn, den Betrag von mir in Empfang zu nehmen, aber Carl gegenüber davon zu schweigen. Diesen Vorschlag wies er höflich, aber bestimmt zurück – als Herausgeber der Zeitung fühlte er sich, ungeachtet der finanziellen Schwierigkeiten, für seine Mitarbeiter verantwortlich. Schließlich konnte ich ihn aber doch bewegen, meinen Vorschlag anzunehmen. Zu Carls größter Überraschung wurde die Geldstrafe entrichtet, von meiner Mitwirkung dabei hat er nie etwas erfahren. Wir fuhren also gemeinsam wieder nach Hamburg zurück. Durch diesen Prozeß ließ er sich in seiner Arbeit für die Demokratische Vereinigung überhaupt nicht beirren. Schon ein paar Tage später fuhr er als Delegierter der Hamburger Gruppe nach Dortmund zur Parteiversammlung. Er unterbreitete dort den Vorschlag, die Demokratische Vereinigung solle der Deutschen Friedensgesellschaft als korporatives Mitglied beitreten, zu deren sehr aktiven Mitgliedern er auch gehörte.

Aber nicht lange dauerte es, und unser Leben wurde von einem großen Ereignis vollständig überschattet: dem Kriegsausbruch. Schon in den ersten Kriegstagen wurde Carl gemustert, und wir glaubten schon, von ihm Abschied nehmen zu müssen. Doch er kehrte von der Musterung strahlend zurück: für den ersten Schub sei er nicht tauglich. Als dann am 4. August England Deutschland den Krieg erklärte, flammte auch unser Familienkonflikt wieder auf. So oft auch Carl und sein Stiefvater der verbitterten Mutter die Zusammenhänge dieser Kriegserklärung darzulegen suchten, nichts ließ sie gelten – schuld allein war... ich.

Carl war Antimilitarist. Er war jetzt in eine schwierige Lage geraten. Vom Grundbuchamt war er noch immer dispensiert. Er hatte keinerlei Einkommen. Dr. Glaser wurde eingezogen, die Zeitung „Das freie Volk" mußte ihr Erscheinen einstellen. Für diese publizistische Arbeit hatte er sowieso nie ein Honorar erhalten. Carls Beiträge in den Monatsheften „Das Monistische Jahrhundert" brachten auch nichts ein. Ja, hätte er rührselige Geschichten vom schönen Soldatenleben geschrieben und die Helden des Kaisers verherrlicht, das wäre in den entsprechenden Zeitungen hoch honoriert worden. Carl aber verdammte den Krieg, und er war damals schon nicht bereit, aus Bequemlichkeitsgründen seine Meinung zu verleugnen. Meine Lehrtätigkeit hielt wenigstens den Hunger von uns fern, doch die erzwungene Untätigkeit war für Carl sehr bedrückend. Einige meiner erwachsenen Schüler hatten literarisches Interesse gezeigt. Das brachte mich auf den Gedanken, ihnen Literatur- und Geschichtsstunden unter der Leitung meines Mannes vorzuschlagen. Zwei junge Männer, ein Bankiersprößling und der Sohn eines Reeders, zeigten sich von diesem Vorschlag sehr erfreut. Carl widmete sich begeistert seiner neuen Aufgabe. Viele Stunden verbrachte er zur Vorbereitung in der Staatsbibliothek. Die Verbindung von Literatur und Geschichte ermöglichte es ihm, auch über soziale Probleme und die schädlichen Auswirkungen des Krieges zu sprechen; mit den wohlhabenden Jünglingen diskutierte er über erfolgreiche Massenerhebungen in der Geschichte. Andere Bekannte, die davon gehört hatten, wollten jetzt ebenfalls an diesen Stunden teilnehmen. So bildete sich ein literarischer

Zirkel, der in unserem ziemlich großen Teil der elterlichen Wohnung regelmäßig zusammenkam. Wir ließen schlichte Einladungskarten drucken, zuerst einmal für fünf Vorträge. Zu den Themen gehörten u. a. auch Wedekind, Strindberg, Shaw, Oscar Wilde. Zu unserem Erstaunen kamen so viele Besucher, daß die Stühle nicht ausreichten. Jeder entrichtete auch gern eine Mark Eintrittsgeld. Ein bekannter Maler und Bildhauer begrüßte die Gäste. Dann sprach Carl über Wedekinds Werke, anschließend gab es eine rege Diskussion. Dieser erste Abend fand allgemein Anklang. Bei den folgenden Abenden nahm die Zuhörerzahl noch ständig zu. Durch diese Arbeit, die zu unserem Unterhalt beitrug, hatte auch Carl sein Gleichgewicht wiedergefunden. Zu unserer großen Freude wurden die Zirkel von Künstlern, Schriftstellern und Journalisten ernst genommen, wir konnten sie oft bei uns als Vortragende begrüßen.

Unsere Zeit war bis zum Rande ausgefüllt. Um so mehr war ich erstaunt, daß eines Tages die erste kleine Gewitterwolke an unserem ehelichen Himmel aufzog. „Wohlmeinende" Freundinnen hatten mir von Kaffeehausbesuchen meines Mannes in Damenbegleitung berichtet. Zuerst gab ich nichts darauf, Carl verstand es auch, mit ein paar erklärenden Worten meinen Verdacht zu zerstreuen. Doch die einmal geweckte Eifersucht blieb weiterhin wach. Der Fliederstrauß, den „sie" meinem Mann zum ersten Vortragsabend überreicht hatte, war befremdend groß gewesen. Schließlich rief ich sie telefonisch an und bat sie zu einer Aussprache in ein Café. Dort fragte ich sie schnurstracks, was sie bei den Zusammenkünften mit meinem Mann eigentlich beabsichtigte. Als sie eine gekränkte Unschuldsmiene aufsetzte, fügte ich in leidenschaftlicher Erregung hinzu: „Wenn Sie Ihr Verhalten nicht ändern, schieße ich Sie, ich kann ganz gut zielen, ich war im College eine gute Schützin!" Damit war die Unterredung zu Ende. Die Zusammenkünfte auch. Als ich Carl gelegentlich davon erzählte, lachte er herzlich, nicht nur über meine Angriffslust, sondern auch über den eigenwilligen Gebrauch der deutschen Sprache.

Für mich war die Sache aber weniger komisch als ernst. Jedenfalls war unser Ehehimmel jetzt wieder wolkenlos.

Der Krieg dauerte nun schon fast ein Jahr, mehr und mehr hatte sich unser Zirkel mit politischen Fragen und Tagesproblemen befaßt. Wir waren fast alle Kriegsgegner; wir versuchten, unbeeindruckt von den Siegesmeldungen, durch Aufklärung zur Beendigung des Völkermordens beizutragen. Einige Wehrpflichtige aus unserem Kreis hatten den Kriegsdienst verweigert und waren in ein Lager gebracht worden; andere, die Soldat geworden waren, agitierten unter ihren Kameraden für die Idee des Völkerfriedens. Der Gestellungsbefehl, der Carl im November 1915 erreichte, löste in ihm einen Zwiespalt aus. Natürlich konnte er nicht mit „heißem Herzen" ins Feld ziehen, aber genausowenig wollte er sich von vornherein isolieren. Er wollte, als Kamerad unter Kameraden, beitragen zur Aufklärung der Landser, an der Front den Krieg bekämpfen. Auch als Soldat des Bayrischen Pionierregiments setzte er seine publizistische Arbeit fort. Auf kleine Notizbuchblätter schrieb er seine Manuskripte und schickte sie mir zur Weiterleitung an die Redaktion der „Monatlichen Mitteilungen des Deutschen Monistenbundes".

Später, bei einem Urlaub, erzählte er mir die Geschichte mit dem Fahneneid. Zuerst hatten die Katholiken auf die Fahne zu schwören, danach die Rekruten evangelischen Glaubens. Carl trat weder mit der einen noch mit der anderen Gruppe vor. Er war Freidenker. Er wartete ab, was der Major mit ihm und anderen Gleichgesinnten machen würde. Da kam auch schon der Befehl: „Freidenker, Atheisten, Sektierer, Gottlose – vortreten!" Carl trat vor, als einziger. Der Major fixierte ihn von oben bis unten mit einem vernichtenden Blick – wie konnte ein Rekrut die offiziellen Kirchen nicht anerkennen: „Sie gottloser Schweinehund, auch für Sie gilt der Fahneneid!" Das zornige Gesicht des Majors zu beschreiben bereitete ihm eine diebische Freude, fand er doch in diesem Major seine Vorstellungen von der kaiserlichen Offizierskaste bestätigt.

Die Jahre des Krieges

Auch nach Carls Einberufung wollte ich unsere literarischen Zusammenkünfte nicht einschlafen lassen, wollte die Arbeit, die Carl begonnen hatte, allein fortführen. Aber der größte Teil unserer Mitglieder war inzwischen auch eingezogen oder festgesetzt worden – so löste sich unser Zirkel im Frühjahr 1916 auf.

Bis in den Sommer hinein schrieb Carl, der jetzt Armierungssoldat in Flandern war, mir häufig. Anfang des Jahres hatte er für mich eine Art Erinnerungsbuch angelegt, und auch zwei Geschichten in der Art von Renaissancenovellen und Rokokoerzählungen[7] geschrieben, die er mir widmete. In dieses Erinnerungsbuch hat Carl dann auch später, meistens zu Neujahr, einige Eintragungen gemacht – einige wenige sind erhalten geblieben.

Damals, im Sommer 1916, bei einem Aufenthalt in Hamburg, schrieb Carl in dieses Buch für mich einen Brief, den ich hier wiedergeben möchte. Mir scheint, daß dieser Brief sehr gut seine geistige Entwicklung charakterisiert, wie sie sich damals deutlicher auszuprägen begann; zugleich geht er darin auch auf Schwierigkeiten ein, die sich in unserer Ehe ergeben hatten. Carl schrieb:

„Meine liebe, kleine Maudie!

Es ist noch nicht lange her, daß ich Dir diese beiden Geschichten widmete. Das hat Dir damals große Freude gemacht. Und so betrübe ich Dich vielleicht, wenn ich Dir jetzt sage, daß ich Dir heute diese Geschichten nicht mehr widmen würde, daß ich sie überhaupt keinem Menschen widmen, sondern vermutlich verbrennen würde. Denn sie sind für mich Produkte einer Zeit, die ich nun Gott sei Dank hinter mir habe und deren Überwindung Du selbst im Laufe dieses Winters miterlebt und mitgelitten hast. Mein Kind, ich hatte den Ernst verloren, und mehr noch das Gefühl für ernsthafte Dinge überhaupt. Ich wagte nicht mehr zu denken, alles war für mich zur müßigen Spielerei geworden. Ich hatte einmal eine heiße Sehnsucht zur Kunst gehabt, diese Sehnsucht war nun vorüber.

An ihre Stelle war das bloße Interesse an Form und Stilspielereien getreten. Du weißt selber, wie lange ich an diesen beiden Nichtigkeiten gearbeitet, wie oft ich sie umgearbeitet, umgeschrieben habe. Ich hatte eben das letzte Gefühl für den Ernst der Dinge verloren. Ich war eitel geworden, eitel auf meinen Intellekt. Aber wer schaffen will, kann das unmöglich mit dem Intellekt allein tun, er muß von starken innern Kämpfen durchschüttelt werden können. Jeder Mensch, der schaffen will, muß in eigener Person durch Himmel und Hölle schreiten, es genügt nicht, hin und wieder einen Blick durchs Teleskop zu tun und dann von dem Gesehenen Bericht zu geben. Als ich diese Geschichten schrieb, konnte ich nicht empfinden, nicht leiden. Deshalb dieser glatte Spott, diese selbstverständliche Überlegenheit. Nun bin ich heraus aus dieser Periode, aus dieser unwürdigen Periode. Ich weiß, daß Dich der neue Mensch befremdet, daß Du nicht jenes gleiche Vertrauen zu ihm hast wie zu dem früheren. Ich möchte Dich gern eines Besseren überzeugen, aber wie wenig sagen Worte, wenn man von solchen Dingen reden möchte. Die Entwicklung selber muß hier den Beweis führen, die kommende Zeit muß den Beweis führen. Du wirst vergleichen können, welche Zeit reicher an Leistungen war, die vergangene oder die kommende!

Liebes Kind! Letzten Endes bist Du selber die Geburtshelferin der neuen Periode geworden. Deinem Kopf entsprang die Idee zu den Vorträgen des letzten Winters, Du bist die Anregerin gewesen und bis zu einem gewissen Punkte auch die Triebkraft gewesen. Ich wuchs gleichsam in die Tat hinein, zuerst mußte ich geschoben werden, gestützt

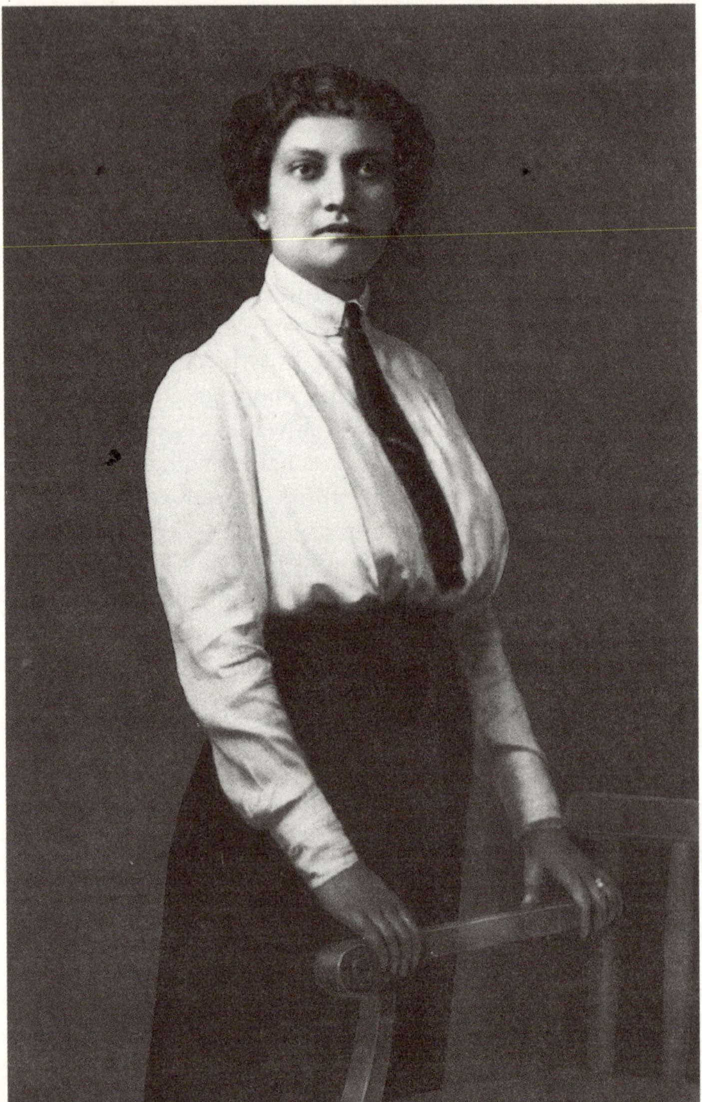

Maud während der Kriegsjahre in Hamburg

werden, bis ich plötzlich auf eigenen Füßen stand. Und da fand ich plötzlich den Genuß, die Freude an der Tat. Da kam der Augenblick, in dem ich mein Treiben während der letzten Jahre wie müßige Spielerei, wie haltlose Träumerei, wie ein Jagen hinter Seifenblasen empfinden mußte. Da löste sich los, was in mir festgelegen hatte, und an die Stelle des Träumens trat die Leistung. Und Du bist der Magnet, der zuerst an das starre Eisen gerührt hatte.

Soll ich Dich daran erinnern, daß dann noch eine Liebesgeschichte hineinspielte? Du hast mir gesagt, daß Dich diese Affäre des Vertrauens zu mir beraubt habe, daß Du zum mindesten die letzte Sicherheit, die das Vertrauen gerade ausmacht, verloren hast. Ich bedaure das unendlich, aber ich glaube doch, daß der neue Mensch, wenn die ersten Unbequemlichkeiten überwunden sind, auch ein neues Vertrauen finden wird. Liebes Kind, die Geschichte war für mich nötig. Ich, der ich mich so unendlich überlegen über alles hinwegsetzte, mußte selber wieder einen Kampf erleben, mußte erfahren, daß da Dinge sind zwischen Himmel und Erde, von denen meine Schulweisheit nichts mehr ahnte. Daß ich aber fühlen konnte, das zeigt nur eher, daß ich noch nicht versumpft war, und mit einem neuen Gefühl, mit einem neuen Bewußtsein gehe ich daran, für mich, für uns beide ein neues Leben zu schaffen.

Liebe, kleine Frau! Nun, da wir vielleicht an einem großen Wendepunkt stehen, drängt es mich, Dir zu danken, Dich um Verzeihung zu bitten, daß ich Dich hineingezogen habe in Kämpfe, die Du restlos nicht verstehen konntest und die Dir deshalb bittere, bittere Schmerzen bereiten mußten, Du liebes gutes, oft betrogenes Schäfchen, wer hieß Dich auch das Schicksal eines Menschen teilen, der innerlich beweglicher ist als viele, viele andere?! Aber was Dir bisher Übles beschert ist, Du hast es mit Deinem unendlich guten Herzen überwunden, und ich glaube, daß Du auch weiterhin gern mit mir unsern gemeinsamen Lebenskarren wirst weiter ziehen helfen. Wir beide gehören zusammen. Und wie Deine Liebe zu mir sich nicht geändert hat, so hat sich

Carl v. Ossietzky um 1917

auch mein Gefühl zu Dir nicht geändert trotz alledem. Und das Gefühl, das uns wie eine dunkle Macht zusammentrieb und uns aneinanderkettete, das lebt noch. Es hat seine äußere Gestalt, seine Form verändert, aber in seinem Kerne lebt es noch so frisch, so blühend wie einst. Und wenn wir das nicht vergessen, so wird uns alles im Leben leicht werden, komme was da wolle!

Hamburg, am 28. Juni 1916 Carl"

Der Krieg dauerte jetzt bereits zwei Jahre, ein Ende war nicht abzusehen. Zwischen Carls Mutter und mir war es vollends zum Bruch gekommen; kurzerhand packte ich eines Tages meine Siebensachen und zog in eine Pension um die Ecke. Zum Glück hatte ich noch immer genügend Schüler, am meisten brachte aber der Bridgeunterricht ein. So litt ich trotz der Konfiskation meines Vermögens in England keine materielle Not. Trotzdem war ich todunglücklich. Hamburg, die Stadt, die ich lieben gelernt, in der ich die schönsten Stunden meines Lebens verbracht hatte, war mir niemals so grau und trostlos erschienen wie jetzt. Auch meine Freundinnen hatten ihre Sorgen und ihren Kummer, aber keine war so allein wie ich, ohne Mann, ohne Familie, ohne Verwandte. Auch von meinem Bruder wußte ich während dieser Zeit nichts. Oft machte ich mir Gedanken darüber, daß vielleicht mein Mann und mein Bruder ihre Gewehre aufeinander richten könnten.

Eines Tages hörte ich, daß zuweilen Soldaten von der Front an die Kommandantur abkommandiert wurden. Gleich versuchte ich, mich zu informieren. Der zuständige Sachbearbeiter war ein Bekannter aus dem Monistenbund. Jetzt stiegen meine Hoffnungen, daß Carl bald wieder zurückkommen könnte. Dieser Feldwebelleutnant würde mir bestimmt helfen, er kannte Carl ja gut. Aber er machte mir klar, wie schwierig es sei, eine solche Abkommandierung zu erreichen. Meine Enttäuschung und Mutlosigkeit weckten sein Mitleid, er gab sich viel Mühe. Wenn er irgendwelche

Unterlagen für eine erneute Eingabe benötigte, trafen wir uns während seiner Tischzeit in einem Café. Einmal sah uns dort Carls liebwerter Onkel Gottlieb, der nichts Eiligeres zu tun hatte, als diese Neuigkeit seiner Schwester zu hinterbringen. Sie behauptete dann auch gleich, daß ich einen Ehebruch begangen hätte – damit war das Kapitel Schwiegermutter endgültig abgeschlossen. Als ich Carl von diesem Zwischenfall schrieb, tröstete mich der „betrogene Ehemann“ postwendend mit der Feststellung: „Onkel Gottlieb hat überall seine unegalen Finger und seine spitze Nase dazwischen.“ Ich solle mir deshalb keine unnützen Gedanken machen.

Im Frühling 1917 erkrankte Carl und kam ins Lazarett, das verhalf ihm zu einem Heimatkommando. Da Carl vorübergehend für den Frontdienst nicht verwendungsfähig war, hatte der Kompanieführer der Abkommandierung endlich zugestimmt.

Es folgten drei schöne Monate. Zwar war Carls Gesundheitszustand ziemlich schlecht, aber der Dienst in der Kommandantur war nicht schwer, und vor allem: Carl war zu Hause. Es gab nur noch sehr wenig zu essen, der Schwarzmarkt blühte, das Geld zerrann unter den Händen. Ich war dauernd unterwegs, um kräftigende Lebensmittel zu beschaffen; denn in unserer Pension gab es nur noch Kinderportionen. Eine Folge der großen Not war es auch, daß manche Mitmenschen jetzt häufig mein und dein zu verwechseln begannen. – Jeder entbehrliche Gegenstand wurde als Tauschobjekt für Brot oder Butter gebraucht. So vermißte eine Bekannte aus unserer Pension eines Morgens ihr letztes Paar Stiefel, sie konnte nicht mehr zur Arbeit gehen und mußte im Hause bleiben. Ein paar Tage darauf verschwand das goldenen Armband ihrer Tochter. Wir alarmierten die Polizei, sie richtete aber nichts aus. Die Diebstähle gingen weiter. Doch eines Tages entdeckte ein Mieter seinen gestohlenen Wecker im Schaufenster eines Trödelladens. Nach einigen Nachforschungen wurde der Spitzbube schließlich gestellt, ein Gernegroß, der unbedingt als Dichter erscheinen

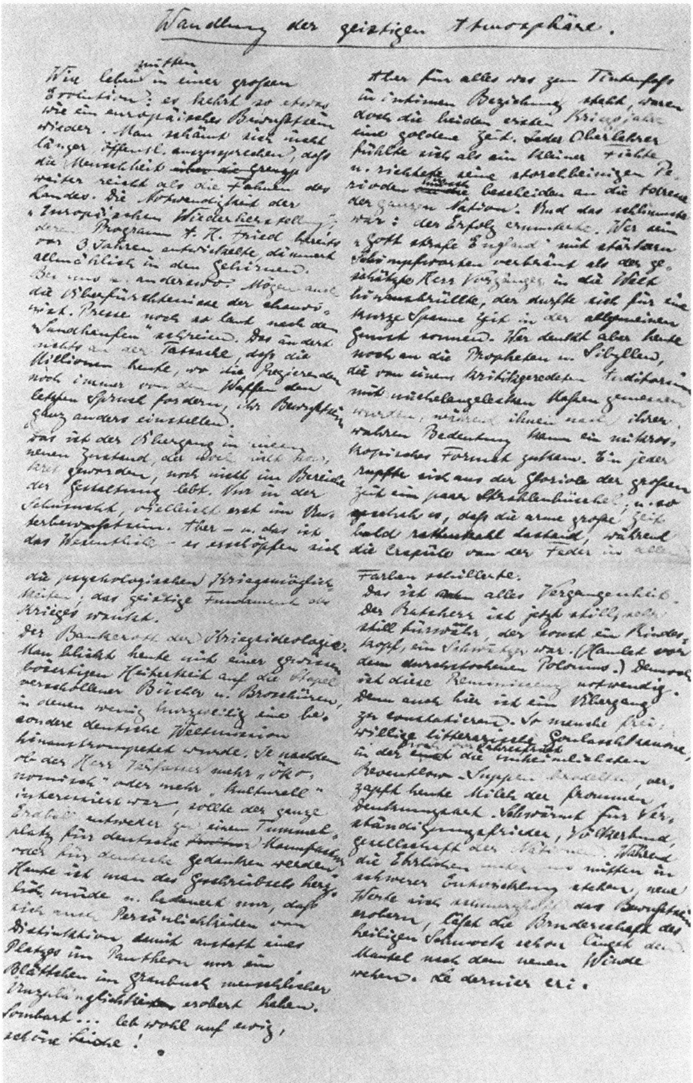

Manuskriptseite von „Wandlung der geistigen Atmosphäre"[8]

wollte. Bevor wir von seinen Diebstählen erfuhren, hatte er mir Gedichte gezeigt, die mir gefielen, und ich hatte ihn auch mit Carl bekannt gemacht. Ich nahm an, mein Mann würde staunen, welch ein begabter junger Poet mit uns unter einem Dach wohnte. Nach der Lektüre wurde Carl nachdenklich. Am nächsten Tage kam er erst später zurück. Er war in der Stadtbibliothek gewesen und brachte freudestrahlend einen kleinen Gedichtband nach Hause: „Ich wußte ja, diese Gedichte waren mir schon früher einmal begegnet." Der „Poet" aus Südamerika war kein Schriftsteller, sondern nur ein Abschreiber. Das vornehme Aussehen unserer Pension und das würdige Benehmen ihrer Bewohner war nur Kulisse. Carl nannte unsere Herberge dann auch einfach „Pension Bumsfidel". Ihre Bewohner waren bunt durcheinandergewürfelt. Wir sahen uns nach einer anderen Bleibe um, doch ohne Erfolg. Schließlich waren das ja alles nur Bagatellen, das wichtigste war für uns, daß wir zusammensein konnten.

Gemeinsam gingen wir zu dem Feldwebelleutnant, um ihm für seine Bemühungen zu danken. Er versprach Carl in die Hand, mir zur Seite zu stehen, wenn Carl wieder im Felde sei. Er hielt Wort und verschaffte mir eine Arbeit als Französisch-Englisch-Übersetzerin beim Roten Kreuz. Dort konnte ich wenigstens etwas dazu beitragen, daß Menschen geholfen wurde, denen der Krieg schwere Leiden und Lasten auferlegt hatte. Durch den Unterricht für die wenigen mir noch verbliebenen Schüler konnte ich meinen Lebensunterhalt recht und schlecht fristen.

Plötzlich blieben Carls Nachrichten aus. Monat um Monat verging. Ich war von ohnmächtiger Angst erfüllt. Jetzt hörte man immer häufiger munkeln, der Krieg werde bald zu Ende sein. Aber mir schien, daß hier der leidenschaftliche Wunsch nach Frieden der Vater des Gedankens sei. Doch dann kam der 9. November 1918. Hamburg war in einem Zustand fieberhafter Erregung: Revolution. Der Kaiser geflohen. Deutschland wurde Republik. Tag für Tag wartete ich aufgeregter auf die Rückkehr meines Mannes. Viele Soldaten waren schon heimgekommen, darunter auch mehrere aus Carls Kompanie. Sie berichteten, daß Carl kurz vor Beendigung der Kämpfe nach Belgien ins Lazarett gekommen sei. Ob sie denn nicht hätten schreiben dürfen, fragte ich befremdet. „Ja, gewiß, Carl hat sogar für viele von uns die Briefe geschrieben", sagte einer, und alle waren voll Lobes für Carl. Und ich, ich hatte eine Ewigkeit, so schien es mir, kein Lebenszeichen von ihm erhalten. Warum nur mochte er nicht geschrieben haben. Aber endlich, endlich hatte ich nun die Gewißheit, daß Carl nicht den „Heldentod" gestorben war.

Von Hamburg nach Berlin

Im Dezember 1918, an einem sonnenhellen Vormittag, stand Carl an der Tür. Ich gab gerade Englischunterricht, brach die Stunde aber sofort ab. Carl war da! Er erzählte mir sogleich, daß er in den Soldatenrat gewählt und nach seiner Ankunft auf den Schultern vom Hamburger Bahnhof zur Kommandantur getragen worden sei. Er hätte ein Ressort zugeteilt erhalten und werde unverzüglich mit seiner Arbeit beginnen. Der Gedanke, ihn gleich wieder hergeben zu müssen, machte mich zwar traurig, aber vor allem war ich doch stolz auf Carl. Er ging mit Feuereifer an seine Arbeit, hielt außerdem Vorträge, verfaßte Aufrufe und konnte nun endlich ungehindert mit aller Energie wieder öffentlich wirken. Zu dieser Zeit redigierte er auch den „Anmarsch der neuen Reformation", Flugschriften des Deutschen Monistenbundes[8]. Jetzt erfuhr ich auch, daß sein monatelanges Schweigen die Folge eines Schreibverbots gewesen war, die Kompanieführung war nämlich auf seine Aufklärungsarbeit aufmerksam geworden. Eines seiner selbstverfaßten, vervielfältigten und unter die Kameraden verteilten Flugblätter war in falsche Hände geraten. Eine Zeitlang mußte er also vorsichtig sein, darum hatte ich solange keine Nachricht erhalten. Die neue Tätigkeit befriedigte Carl sehr, aber davon leben konnte er nicht. Er mußte sich nach einem Broterwerb umsehen. Beamter wollte er nicht werden, auch in der Republik nicht. Im März war er mit einem gleichgesinnten Bekannten einig geworden, gemeinsam den Verlag „Der Pfadweiser" zu gründen. Da beide fast gar kein Geld besaßen, da ich nach meiner Heirat und infolge des Krieges von meinem Vermögen in England nichts mehr abheben konnte, mußte erst einmal

Geld geliehen werden. An Büroräume war nicht zu denken. Der Bekannte stellte, im Einverständnis mit seinen Eltern, bei denen er wohnte, die „gute Stube“ als Redaktionsraum zur Verfügung. Die Arbeit wurde geteilt. Der Kompagnon erledigte alles Geschäftliche und schrieb kleine Beiträge. Carl war für den Inhalt verantwortlich und schrieb fast alle Beiträge selbst – schon aus Mangel an Geld konnte die Zeitschrift keine anderen Mitarbeiter beschäftigen. Die zunächst recht kleine Auflage fand ihre Leser. Ab und zu steuerten Schriftsteller unentgeltlich Artikel bei. Trotzdem reichte es für die beiden Partner kaum für das Salz zum Brot. Das Hamburger Bürgertum, immer noch konservativ und patrizierhaft, war für demokratische und pazifistische Veröffentlichungen nicht sehr aufgeschlossen, und doch resignierten die beiden Unermüdlichen nicht.

Nach wie vor hielt Carl mit Hellmut von Gerlach, der in Berlin wohnte, ständig Verbindung. Mitte August 1919 wurde für die Deutsche Friedensgesellschaft[9] in Berlin ein Sekretär gesucht. Herr von Gerlach schlug meinem Mann vor, sich als Kandidat zu melden. Carl glaubte sich dieser verantwortungsvollen Aufgabe nicht gewachsen und teilte Herrn von Gerlach seine Bedenken brieflich mit. Ich teilte Carls Meinung nicht. Im stillen hatte er schon lange den Wunsch gehegt, nach Berlin zu gehen, das ein viel größeres Arbeitsfeld bot. Diese Kandidatur bot eine gute Gelegenheit, den Wunsch zu verwirklichen; meiner Meinung nach war Carl dieser neuen Aufgabe durchaus gewachsen. Er wollte sich aber von mir nicht beeinflussen lassen. Schließlich einigten wir uns auf meinen Vorschlag, daß ich nach Berlin fahren und einige Mitglieder des Komitees um ihre Meinung bitten sollte. Ich fuhr am nächsten Morgen ab und kehrte mit einem sehr ermutigenden Ergebnis zurück. Jetzt endlich schickte Carl seine Bewerbung ein und wartete ungeduldig auf eine Antwort. Daß er ursprünglich nicht kandidieren wollte, ging nur auf seine Schüchternheit zurück. Diese Schüchternheit zeigte sich auch deutlich, als Carl sich bei einem Empfang im „Excelsior“ am Anhalter Bahnhof dem Vorsitzenden der Deutschen Friedensgesellschaft, dem Historiker Prof. Ludwig Quidde[10], der 1927 den Friedensnobelpreis erhielt, vorzustellen hatte. Unter den sieben Mitbewerbern, die gut fünf bis zehn Jahre älter waren, glaubte er sich fehl am Platz. Wir mußten uns Mühe geben, ihn überhaupt zur Vorstellung zu bewegen. Ich dachte schon, daß er vielleicht sogar wieder umkehren würde, und ging zur Vorsicht hinter ihm her. Aber andererseits war es nicht Carls Art, auf halbem Wege stehenzubleiben. Als Professor Quidde ihm sogleich die Hand entgegenstreckte und ein wenig lächelnd meinte: „Herr v. Ossietzky, ich habe schon lange auf Sie gewartet, Sie sind für diesen Posten sehr geeignet, wir sind entschlossen, Sie als Sekretär einzustellen", da war alle Schüchternheit von ihm abgefallen.

Bis zu Carls Arbeitsbeginn blieben uns vier Wochen zur Übersiedlung von Hamburg nach Berlin. Die Wohnungsnot war in Berlin nicht geringer als an der Wasserkante, eher noch größer. Kein Raum war aufzutreiben, lange suchten wir vergeblich. Schließlich vermittelte uns ein Bekannter, ein Hamburger Arzt, ein „billiges" Zimmer in der Leibnizstraße, natürlich möbliert. Wir hofften, im Laufe der Zeit wieder zu einer eigenen, wenn auch noch so bescheidenen Wohnung zu kommen; im Augenblick war aber gar nicht daran zu denken, die Möbel aus Hamburg kommen zu lassen; wir hatten nicht einmal genug zum Leben. Da sprang der ehemalige Feldwebelleutnant, jetzt wieder hanseatischer Großkaufmann, für uns in die Bresche; er schoß uns runde 1000 Mark vor, die genau für die Übersiedlung und die damit zusammenhängenden Ausgaben ausreichten. Professor Quidde schalt später Carl tüchtig aus, daß er nicht sofort einen Vorschuß beantragt habe. Der große, gute Mensch schien gar keine persönlichen Bedürfnisse zu haben, sonst hätte er wissen müssen, daß das äußerst karge Gehalt, das Carl von der Friedensgesellschaft bezog, kaum für ein bescheidenes Leben reichte. Der Friedensgesellschaft standen ja nur die geringen Mitgliedsbeiträge und gelegentlichen Zuwendungen ihrer Anhänger zur Verfügung, die festangestellten Mitarbeiter konnten deshalb nur eine minimale Vergütung erhalten.

Am 1. Oktober 1919 begann Carl seine Arbeit in der Friedensgesellschaft, er war von Schaffensdrang erfüllt, sonst hätte er die Folgen der langen Unterernährung viel stärker gespürt. Gleich in den ersten Wochen merkten wir, daß unser Wirt in der Leibnizstraße uns nach Strich und Faden ausnutzte. Unsere Unterkunft, ein armseliges Hinterzimmer, primitiv möbliert, kostete dreißig Mark Monatsmiete. Wir waren über die erste Rechnung baß erstaunt. Hinzu kamen nämlich noch zehn Mark für Küchenbenutzung, zehn Mark für Geschirrgebrauch, Gas, Licht und noch zehn Pfennig extra für jeden Teekessel warmen Wassers. Jeden Morgen fand sich der Wirt in der Küche ein und bat um eine Tasse von meinem frischgebrühten Tee. Der Tee war mein Lebenselixier, das mich aufrecht hielt. Um Weihnachten herum erwarteten wir unser Kind, ich hatte kaum für mich selbst genug Tee. Carl trank schon längere Zeit Kaffee-Ersatz.

Eines Abends, nach einem Vortrag in der Friedensgesellschaft, hatte Carl Frau Dr. Helene Stöcker[11] getroffen, die Begründerin des Deutschen Bundes für Mutterschutz; zugleich war sie Vorsitzende eines Heimes für Mutter und Kind in der Uhlandstraße. Sie erkundigte sich nach meinem Ergehen. Auf ihre mitfühlende Frage, woran es wohl hauptsächlich läge, daß ich mich so elend fühle, sagte Carl in seiner bescheidenen Art nur knapp: „Eigentlich haben wir nicht genug zu essen."

Frau Dr. Stöcker entwarf sofort einen Plan, wie mir am besten zu helfen sei. Sie bot Carl an, mich sogleich in ihrem Heim in der Uhlandstraße aufzunehmen, wo ich ein regelmäßiges und nahrhaftes Essen bekäme. Einige Tage später traf ich mit meinem Koffer dort ein.

Zunächst betrachteten mich die Frauen dort als eine Art Eindringling. In ihren Augen stand die unausgesprochene Frage, was hat eine verheiratete, adlige Dame unter unglücklichen Mädchen zu suchen, die für ihr kommendes Kind keinen Ernährer, ja oft nicht einmal ein Zuhause hatten. Ihre

Meinung änderte sich aber bald, als sie Carl bei seinen Besuchen sahen: schmal, blaß und in einfacher Kleidung – sie merkten, daß es auch uns am Nötigsten zum Leben fehlte.

Eine sinnvolle Arbeitseinteilung im Heim sorgte dafür, daß jede Frau eine Beschäftigung hatte. Die tägliche Nähe des Zusammenlebens ließ uns auch bald zusammenfinden. Schnell hatte man bemerkt, daß mir manche Arbeit besonders schwerfiel. Man half mir mit einer Selbstverständlichkeit, die mich noch heute in der Erinnerung rührt. Es war Ende November, die Tage waren kurz. An den langen Spätnachmittagen und Abenden, nach Erledigung der Hausarbeiten, saßen die Mädchen und Frauen bei einer Häkelei, manche strickten, andere nähten emsig winzige Hemdchen. Ich konnte zwar auch nähen, hatte aber keine rechte Freude daran. Allmählich ergab es sich, daß ich den Frauen Märchen erzählte oder ihnen aus guten Büchern vorlas. Sie sagten es nicht, aber es war zu fühlen, daß sie mich als zu ihnen zugehörig anerkannten, ja mehr noch, daß ich ihnen lieb war. Als ich am 11. Dezember morgens erwachte und mich erinnerte, daß es mein Geburtstag sei, den ich absichtlich verschwiegen hatte, da fand ich lauter freudenhelle Gesichter um mich herum und die entzückendsten Überraschungen. Der Tisch war festlich gedeckt mit Blumen. Ein Kuchen duftete, und vor meinen erstaunten Blicken lag eine allerliebste Babyausstattung. Das alles hatten die Frauen genäht und gestrickt, als ich ihnen Märchen erzählte oder ihnen vorgelesen hatte. Froh und gerührt dankte ich den Mädchen. Ab und zu besuchte mich Carl, ich erzählte von mir, er berichtete von seiner Arbeit. Als er einmal um die übliche Zeit noch nicht gekommen war, machte ich mir schon Gedanken. Plötzlich kam er, ich traute meinen Augen nicht, ganz verändert sah er aus. Er trug nicht mehr seinen einfachen, warmen Wintermantel, sondern ein schlechtsitzendes, dünnes Mäntelchen unbekannter Herkunft, ergänzt durch einen fremden Hut und einen fremden Schal. Er erzählte mir bekümmert, daß man ihm tags zuvor in einem Restaurant alle seine Sachen gestohlen hatte.

Die glückliche Geburt einer Tochter zeigen an

Carl v. Ossietzky u. Frau
geb. Woods

Berlin, Genthinerstr. 22, Neujahr 1920

Am Sonntag, dem 21. Dezember 1919 wurde Rosalinde geboren.

Maud und Rosalinde, Berlin 1921

Das war ein Schlag. Was nun? Ich sann nach, wie Carl schnellstens zu anderen Sachen käme. In Gedanken ging ich alle meine Bekannten durch, vor allem die vermeintlich wohlhabenden. Ich dachte an einige Bekannte und rief sie nacheinander an, erzählte ihnen von dem Mißgeschick und bat sie, doch einmal nachzusehen, ob sie einen überflüssigen Mantel, Hut oder Schal hätten. Aber eigenartig, angeblich konnte niemand helfen, alle bedauerten höflich. Schließlich fiel mir noch Dr. St. ein, ein nicht sehr begüterter Bekannter. Er versprach sogleich, bei sich und seinen Brüdern nachzuschauen. Es dauerte nicht lange, und mein Mann konnte einen gefärbten, noch recht guten Soldatenmantel abholen, auch Hut und Schal. Später habe ich noch einige Male erfahren müssen, daß Menschen aus wohlhabenden Kreisen, denen ich besonders vertraute, in ähnlichen Situationen versagten – mir schien, daß das für sie typisch sei, für mich jedenfalls war es sehr lehrreich.

An einem Sonntag, am 21. Dezember 1919, kam unser Töchterchen in den Vormittagsstunden zur Welt.

Zwei Tage vor der Geburt war ich zur Entbindung in das Auguste-Viktoria-Krankenhaus in Schöneberg gekommen, und alles hatte sich nicht anders zugetragen als seit Evas Zeiten. Nun war das kleine Wesen da, in aller Holdseligkeit, an der man sich nicht satt schauen konnte. Ich war glücklich, weil das Kind Carl so ähnlich sah, mein Wunsch war also in Erfüllung gegangen. In meiner Mädchenzeit hatte ich Schauspielunterricht gehabt und in einer Aufführung von Shakespeares „Wie es euch gefällt" in der Rolle der Rosalinde mitgewirkt. Beinahe ebenso selig, wie jetzt im Wochenbett, war ich damals nach der Aufführung: Wenn ich einmal ein kleines Mädchen bekäme, solle es Rosalinde heißen. Da es darüber zwischen Carl und mir nie Meinungsverschiedenheiten gab, blieb es dabei.

Wir besaßen immer noch nicht Geld genug, um eine bessere, vor allem gesündere Wohnung mieten zu können, als wir sie in der Genthiner Straße 22 gefunden hatten. In die alte, feuchte Wohnung konnte ich das Kind nicht mitnehmen, so ging ich allein aus dem Krankenhaus. Fünf Monate blieb Rosalinde dort noch in Pflege. Jeden zweiten Sonntag durften wir sie besuchen, viel zu selten für eine junge Mutter, die wohl ahnte, welche Erlebnisse, vom ersten Lächeln angefangen bis zum lieblichen Vogelgezwitscher des hellen Stimmchens, ihr unwiederbringlich verlorengehen mußten. Wie wichtig das Kind für uns war, zeigten auch die Zeilen, die Carl damals in unser Erinnerungsbüchlein schrieb:

„Meine liebe Frau!

Ich soll Dir auf Deinen Wunsch etwas in Dein Buch schreiben. Es ist Neujahrsnacht, und das ist keine Nacht wie eine andere. Das ist eine Gelegenheit zum Zurückblicken, zum Vorwärtsschauen. Für viele Menschen die einzige im Jahr. Von dieser Art sind wir nicht. Die Reflexionen sind bei uns nichts Gelegentliches, sondern etwas Ständiges. Wir brauchen nicht den Anstoß von außen und brauchen nicht zu einer bestimmten Stunde in uns zu gehen, nur weil es so Usus ist. Und dennoch schweifen die Gedanken. Wie jeden Abend jetzt. Wir sind jetzt drei. Aus unser beider Leben ist ein neues geworden. Noch zart und schwach. Aber was wir sind, das haben wir mitgegeben. Wir fragen: haben wir gutes Erbe mitgegeben? Können wir das jetzt beantworten? Ich glaube: nein! Aber eines wollen wir uns geloben: zur Liebe zu dem lieben, kleinen Wesen soll sich Güte gesellen und Nachsicht. Wir müssen versuchen, ihm unsere Kämpfe zu ersparen. Nun liegt es da, ein kleines hilfloses Ding. Aber einst wird es bewußt werden und fragen und wird menschliches Schicksal durchleben; daß heißt: das tun, was man gut und böse nennt. Dann wird die Zeit des Spielens erst zu Ende sein, und die Sorgen werden beginnen. Dann wollen wir treu zu ihm halten. Wir wollen es verstehen, wir wollen nicht hart sein. Wir wollen nicht, wie so viele Eltern, vergessen, daß es unser Fleisch und Blut ist, daß es werden mußte, so wie wir waren und sind.

Am Geburtstag der Kleinen, da saß ich lange auf und blätterte lange in den Bildern in unsern drei Büchern. Ich weiß nicht, warum ich es tat, aber ich mußte es tun.

Liebste Maudie, wir haben Gutes und Schlimmes durchlebt. Schönes und Häßliches. Und was wir gelernt haben in diesen Jahren, es soll unserm Kinde zugute kommen.

Ich aber will für euch beide arbeiten. Der Kleinen das Leben hell machen und Dir die Wunden heilen und Dich stark und gesund machen wie früher.

In der Neujahrsnacht 1920 Dein Carl“

Dem Frieden Gehör!

Nachdem Carl zwei Jahre als Sekretär der Friedensgesellschaft gearbeitet hatte, ging er 1921 zur Liga für Menschenrechte[12], die von Lehmann-Rußbüldt[13] geleitet wurde. Carl schrieb dort zunächst kleine Artikel und redigierte die Publikationen; ich versuchte indes, in die Geheimnisse des Karteiwesens einzudringen – beide waren wir im gleichen Büro tätig. Außerdem begann Carl in dieser Zeit in der „Berliner Volks-Zeitung“ zu publizieren, deren Chefredakteur Otto Nuschke war; auch in englischen Blättern wie „New Statesman and Nation“ und im „Observer“. Da es Carl interessierte, wie Lehmann-Rußbüldt seine Artikel bewertete, bat er mich, doch einmal vorsichtig anzufragen. Als Lehmann-Rußbüldt gerade einen Artikel las, dessen Bewertung Carl besonders wichtig war, fragte ich ihn nach seiner Meinung. Zu meiner nicht geringen Verblüffung sagte er kurz und bündig, als ob er sich die Antwort auf meine Frage bereits zurechtgelegt hätte: „Ossietzky wird nie ein Schriftsteller!“

Von dieser Antwort war ich mehr enttäuscht als Carl, der mit einem Achselzucken darüber hinwegging und den Fall mit den Worten abschloß: „Wir werden ja sehen.“

Schon vorher – während des Kapp-Putsches – war es zu einem Zwischenfall gekommen, an den ich mich noch recht genau erinnere: in der Nacht vom 12. zum 13. März 1920 versuchte eine reaktionäre Mächtegruppe unter Führung des Generallandschaftsdirektors Kapp und des Generals Lüttwitz in Berlin eine Militärdiktatur zu errichten. Die berüchtigte „Brigade Erhardt“ marschierte von Döberitz in Berlin ein und besetzte das Regierungsviertel. Wir arbeiteten im Büro und hörten in der Ferne das Geschützgrollen. Lehmann-Rußbüldt wollte, wie er sagte, die Lage sondieren. Er bat Carl, an seinem Platz zu bleiben, er selbst wolle nur für einige Minuten auf die Straße gehen. Aus den Minuten wurde eine Viertelstunde, eine halbe Stunde, noch mehr Zeit verging, aber Lehmann-Rußbüldt kam nicht zurück. Irgend etwas mußte geschehen. Carl war sich bewußt, daß es nicht ratsam war, in dem Büro der Liga, das gewissen Stellen sehr genau bekannt war, einfach zu verbleiben. Er schlug vor, mich zunächst bei Bekannten in Friedenau in Sicherheit zu bringen, er selbst wollte gleich wieder in die Stadt fahren, um in der Nähe der Ereignisse zu sein und darüber berichten zu können. Wir machten einen täglichen Treff vor einem kleinen Laden auf der Kaiserallee aus, der für eine kurze gegenseitige unauffällige Berichterstattung gut geeignet schien, weil sich vor den dort angeschlagenen neuesten Nachrichten viele Passanten ansammelten!

Als wir das Büro verließen, war Lehmann-Rußbüldt noch immer nicht zurückgekehrt. Er erschien erst wieder, als der Kapp-Putsch beendet war, nach Tagen. Carl war in dieser Zeit buchstäblich nicht aus den Stiefeln gekommen, er sah müde und abgehetzt aus. Wir waren beide froh, daß die „Illegalität" nun wieder vorbei war und wir nach Hause zurück konnten.

Carl überlegte jetzt ernstlich, wie er seinen Arbeitsbereich erweitern könnte. Abgesehen davon, daß er bei der Liga zuwenig Geld verdiente, als daß wir ohne meine Mitarbeit hätten leben können: zwischen ihm und Lehmann-Rußbüldt bestanden auch nicht unerhebliche Spannungen, die eine fruchtbare Zusammenarbeit immer wieder behinderten.

Wieder einmal überlegte ich, wie ich Carl helfen konnte, um unsere materiellen Schwierigkeiten zu vermindern. Da kam mir unvermutet Frau v. Gerlach zu Hilfe, deren Kinder, ein Sohn und eine Tochter, bei mir Englischunterricht nahmen. Da ihr mein Unterricht gefiel, empfahl sie mich auch ihren Bekannten, und bald hatte ich wieder eine stattliche Anzahl von Schülern. So verbesserte sich unser Etat beträchtlich; hinzu kam, daß ich von einigen ausländischen

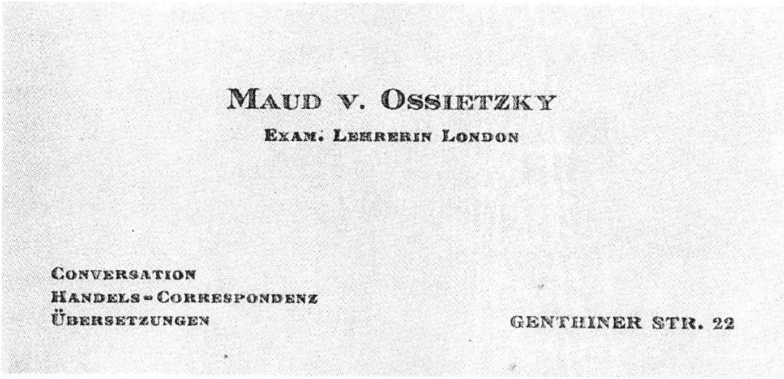

MAUD V. OSSIETZKY
EXAM. LEHRERIN LONDON

CONVERSATION
HANDELS-CORRESPONDENZ
ÜBERSETZUNGEN

GENTHINER STR. 22

„So verbesserte sich unser Etat beträchtlich; hinzu kam, daß ich von ausländischen Schülern in ihrer Heimatwährung bezahlt wurde, in der Inflationszeit ein großer Vorteil…“

„Nie wieder Krieg“-Kundgebung am 31. Juli 1921 im Berliner Lustgarten. Im Wagen stehend Maud v. Ossietzky

Schülern in ihrer Heimatwährung bezahlt wurde, was in der Zeit der Inflation ein großer Vorteil war.

Trotz allen Schwierigkeiten setzte Carl seine öffentliche Friedensarbeit fort; er war einer der Mitbegründer der „Nie wieder Krieg"-Bewegung, die von 1920 bis 1924 jeweils um den 1. August herum im Berliner Lustgarten demonstrierte. Ich erinnere mich noch an die Demonstration am Sonntag, dem 31. Juli 1921. Es war ein Flugblatt herausgegeben worden unter dem Titel „Nie wieder Krieg!" Vor mir liegt ein Pressefoto:

In einem offenen Personenwagen sitzen die Frau von Prof. Albert Einstein und die bekannte amerikanische Pazifistin Miss Francis Neillson. Ich stehe neben ihnen im Wagen; gemeinsam verteilen wir das Flugblatt „Nie wieder Krieg!".

Auch an die Demonstration vom 30. Juli 1922 kann ich mich noch erinnern. Bei dieser Gelegenheit wurde Kurt Tucholskys Gedicht „3 Minuten Gehör!" rezitiert; da es noch keine Lautsprecher gab, wurde das Gedicht von vier Sprechern zu gleicher Zeit vorgetragen. Einer von ihnen war Leo Menter, der nach 1946 Mitarbeiter der Weltbühne wurde. An der Vorbereitung dieses Massenmeetings hatte auch ich mich beteiligt.

Tucholsky hatte das Gedicht denen gewidmet, „die ihr arbeitet –!" Über den Lustgarten dröhnten seine aufrüttelnden Verse:

Von euch, die ihr den Hammer schwingt,
von euch, die ihr auf Krücken hinkt,
von euch, die ihr die Feder führt,
von euch, die ihr die Kessel schürt,
von euch, die mit den treuen Händen
dem Manne ihre Liebe spenden –
von euch, den Jungen und den Alten –:
Ihr sollt drei Minuten innehalten.
Wir sind ja nicht unter Kriegsgewinnern.
Wir wollen uns einmal erinnern.

Das Gedicht schloß mit dem Appell an die Jugend, aus der blutigen Vergangenheit die richtigen Schlußfolgerungen zu ziehen. Es waren etwa hunderttausend Menschen mit roten und schwarzrotgoldenen Fahnen versammelt, darunter viel Jugend. Unter den vielen Rednern des Tages war auch Harry Graf Kessler, einer der Mitbegründer der Deutschen Friedensbewegung.

Ein Jahr später, im Juni 1923, schrieb Carl dann in der „Friedenswarte" über die Vorgeschichte und die Bedeutung dieser Massenmeetings für den Frieden. Hier einige Sätze aus seinem Artikel:

„Die Idee selbst ist geboren worden an einem Herbstabend des Jahres 1919. Wir waren damals zusammengekommen auf Einladung Karl Vetters, des politischen Redakteurs der ‚Berliner Volks-Zeitung'. Anwesend waren u. a. Dr. E. J. Gumbel, Prof. Nicolai, Hauptmann a. D. Willi Meyer, Dr. Kurt Tucholsky und einige andere Herren, deren ich mich nicht mehr erinnere. Zweck der Aussprache war das Projekt der Gründung eines Kriegsteilnehmerverbandes von ausgesprochen antimilitaristischer Tendenz. Während die Chancen eines solchen erwogen wurden, sagte Karl Vetter plötzlich, es gehöre zu den Aufgaben einer derartigen Organisation, jedes Jahr am Tage des Kriegsausbruches durch eine gewaltige Kundgebung die Bedeutung dieses schwarzen Tages immer wieder von neuem festzulegen, als Erinnerung an eine fälschlich ‚große Zeit' genannte Epoche und als Stück politischer Pädagogik für alle heranwachsende Jugend überhaupt. Man müßte, meinte er, dafür eine packende, einprägsame Parole finden, wie etwa ‚Nie wieder Krieg!' Dieses Wort hatte über der Sonderausgabe der ‚Berliner Volks-Zeitung' vom 4. Juli 1919 gestanden ... Der ‚Friedensbund der Kriegsteilnehmer' ist damals gegründet worden und inzwischen wieder vergangen ... Aus ihm hervorgegangen ist im Sommer 1920 der Aktionsausschuß ‚Nie wieder Krieg!', eine sehr kleine Gruppe von aktiven Menschen aus den verschiedenen pazifistischen Organisationen ...

Und es ist zu sagen, daß seit 1920 jedes Jahr ein Wachsen

zu beobachten war. In vielen deutschen Städten arbeiten Pazifisten kameradschaftlich zusammen mit Sozialisten und Gewerkschaftlern verschiedener Richtung. Besonders erfreulich ist, daß sich auch der große Kriegsbeschädigten-Verband und der Reichsbund ehemaliger Kriegsgefangener, politisch streng neutrale Verbände, mit großem Eifer angeschlossen haben; ebenso wie die Syndikalisten, die sich sonst so konsequent abseits halten."

In dem gleichen Artikel zog Carl ein Resümee: „Ohne Zweifel haben diese Kundgebungen eine nicht zu unterschätzende Bedeutung gehabt. Sie wurden in der ganzen Welt, überall wo man sehen und hören konnte und wollte, als Ausdruck des Friedenswillens des deutschen Volkes gewertet und haben manches Vorurteil über Deutschland beseitigt..."

Von 1922 bis 1924 arbeitete Carl bei der „Berliner Volks-Zeitung" als verantwortlicher Redakteur. Seine Tätigkeit bei der Liga hatte er inzwischen ganz aufgegeben, blieb aber weiter Mitglied der Friedensgesellschaft, wo er häufig Vorträge hielt. Nach Lehmann-Rußbüldts düsterer Prophezeiung, daß Ossietzky nie ein Schriftsteller werden würde, war noch nicht viel Zeit vergangen, aber schon hatten die Tatsachen diese Prophezeiung widerlegt. Der Name Carl v. Ossietzky hatte im Berliner Zeitungsviertel bereits Klang und Gewicht bekommen. Unter den Mitarbeitern der „Berliner Volks-Zeitung" wurde viel diskutiert. In diesen Diskussionen tauchte der Gedanke auf, eine Partei zu gründen. Zu den Mitbegründern dieser Partei gehörte auch Carl. Als „Republikanische Partei Deutschlands" wurde sie im März 1924 der Öffentlichkeit vorgestellt. Das bedeutete für Carl sehr viel Mehrarbeit, denn immer, wenn er eine Sache anpackte, setzte er sich ganz dafür ein. Er wurde als Kandidat im Wahlkreis Potsdam II für die Reichstagswahlen am 4. Mai 1924 aufgestellt. Ich half mit, so gut ich nur konnte, und nahm ihm manchen Weg ab. So lernte ich Potsdam kennen, wohin ich Jahre später noch oft fahren sollte, denn in der Potsdamer Druckerei Stein wurde „Die Weltbühne"[14] hergestellt, und Ossietzkys Manuskripte gingen immer gleich in die Setzerei, ohne daß Siegfried Jacobsohn sie vorher ansah. Doch nun zurück zu dieser Parteigründung. Sie erreichte nicht die erforderlichen 60000 Stimmen und löste sich wieder auf. Die Gründungsmitglieder waren sehr betroffen, aber Carl verlor sein Gleichgewicht nicht, nur seine Stellung als verantwortlicher Redakteur bei der „Berliner Volks-Zeitung". In dieser Zeit öffnete sich ihm das „Tagebuch", eine liberale Wochenschrift von Leopold Schwarzschild und Stefan Großmann. Seine politischen Artikel veröffentlichte er unter seinem Namen, Glossen zeichnete er mit Digitalis oder Lucius Schierling.

In dieser Zeit wuchs unsere Rosalinde heran, wir waren eine glückliche Familie. Carl und ich waren schon ein gutes Stück Weges gemeinsam gegangen. Im Erinnerungsbuch, in einer Eintragung vom 16./17. Januar 1922, gab Carl selbst einen Rückblick und einen Ausblick:

„Meine liebste Maudie!

Es ist draußen noch ganz dunkel, und der Schnee liegt weiß auf den Dächern. Dennoch ist schon der neue Tag angebrochen, und an diesem Tage jährt es sich zehnmal, daß wir im Leben zuerst zusammengetroffen sind. Es war abends um 7 Uhr an der Alster, und das Wetter war ähnlich wie heute. Ich brauche Dich an nichts zu erinnern, Du weißt es ja. Aber den Tag hast Du sicherlich vergessen, und deshalb erinnere ich Dich daran. Und ich glaube, wir beide haben es doppelt nötig, uns gerade jetzt daran zu erinnern. Zehn Jahre, mein liebes Kind, es ist eine lange Zeit, und wie schnell ist sie vergangen. Und was haben wir nicht erlebt! Es wird vielleicht ein andermal Anlaß sein, einzelnes davon herauszuholen und in neuem Licht zu betrachten. Doch für heute und für diese Stunde nur das eine: Laß uns so bleiben, so wie wir damals gewesen sind, als wir uns gefunden und schnell zusammengekettet. Mag inzwischen das Leben uns manchen Tag getrübt und manche schlaflose Nacht bereitet haben, ich habe den Glauben, daß wir innerlich die gleichen geblieben sind, und das laß uns oft fühlen. So wird alles gut werden, und wir wollen mit froher Hoffnung mit unserm Kindchen in der Mitte in das zweite Jahrzehnt unserer Liebe wandern. Denn glaube mir eines: auch wo Böses zwischen uns stand und wir uns nicht verstehen wollten – bereut habe ich niemals die Stunde, wo Du in mein Leben tratest. Ich segne das Geschick, das Dich mir als Gefährtin sandte, ich segne Dich, daß Du Dich mir anvertrautest und will Dich hüten und bewahren.

Dein Carl"

Ein neuer Abschnitt: „Die Weltbühne"

Ich weiß nicht mehr, wo und wann es war, aber bei irgendeiner Gelegenheit wurde Carl mit Siegfried Jacobsohn [15] bekannt. Bald darauf fragte Jacobsohn an, ob Carl nicht Lust habe, an der „Weltbühne" mitzuarbeiten. Carl war begeistert. Er schätzte das Blatt schon aus jener Zeit, als es noch „Schaubühne" hieß und hervorragende Theaterkritiken veröffentlichte. Im März 1926 wurde Carl zu einer Unterredung in die Wohnung Siegfried Jacobsohns gebeten. Er ahnte, daß dies ein bedeutungsvolles Gespräch sein könnte, und hatte mich mit seiner Erwartung angesteckt. In strömendem Regen fuhren wir bis Bahnhof Witzleben, in dessen Nähe der Chef der „Weltbühne" wohnte. Da es sich um ein Gespräch unter Männern handelte und ich nicht eingeladen war, blieb ich unter einem Baum stehen. Dort wartete ich auf das Ende des Regens und auf Carls Rückkehr. Endlich tauchte Carl neben mir auf. „Denke dir", sagte er mit glänzenden Augen, „Jacobsohn hat mir angeboten, als ständiger Mitarbeiter die Leitartikel zu schreiben." Carl schickte seinen ersten Beitrag ein, voller Spannung, ob er Jacobsohn zusagen würde. Am 20. April erschien dieser Beitrag. Jede Woche schrieb jetzt Carl einen Artikel für die „Weltbühne". Es war ungewöhnlich, daß Jacobsohn, der „fanatischste aller Redakteure" – wie seine Frau, Edith Jacobsohn, ihn charakterisierte –, alle Artikel Carls ohne Korrektur und ohne den üblichen Prüfweg in die Setzerei geben ließ. Das war ein Zeichen dafür, wie hoch Jacobsohn Carls Fähigkeiten bewertete, welches unbegrenzte Vertrauen er ihm entgegenbrachte.

Nur einmal, ganz zu Anfang ihrer Beziehungen, kam, ty-

Die Weltbühne

Der Schaubühne XXIII. Jahr

Wochenschrift für Politik · Kunst · Wirtschaft

Begründet von Siegfried Jacobsohn

Unter Mitarbeit von Kurt Tucholsky
geleitet von Carl v. Ossietzky

Inhalt:

Erscheint jeden Dienstag

XXIII. Jahrgang — 11. Oktober 1927 — Nummer 41

Versandort: Potsdam

Verlag der Weltbühne
Charlottenburg · Kantstrasse 152

18. Oktober 1927: Ossietzky übernimmt die Leitung der „Weltbühne", für die er seit Dezember 1926 verantwortlich zeichnet.

Der Marquis von O.[16]

pisch für Jacobsohn, eine offene Postkarte an, die lediglich einen Satz enthielt: „Lieber Ossietzky, ist die deutsche Sprache nicht reich genug, um ohne den Gebrauch von Fremdwörtern seine Meinung vorzutragen?“ Dieser Hinweis wurde ernst genommen. Bis dahin hatte Carl seinen Publikationen durch reichlichen Gebrauch von Fremdwörtern, besonders lateinischen, Farben und Nuancen zu geben versucht. Nun bemühte er sich, Jacobsohns Hinweis anerkennend, aus dem deutschen Wortschatz noch mehr als bisher zu schöpfen.

Am 3. Dezember 1926 riß der Tod Siegfried Jacobsohns eine schmerzliche Lücke. Jacobsohn war immer in seiner Redaktion anzutreffen, es war anders gar nicht denkbar. Eines Morgens, Carl kam gerade in die Redaktion am Königsweg 33, da war Jacobsohn nicht da. Alle waren erstaunt, dann beunruhigt. Man rief in seiner Wohnung an. Frau Jacobsohn meldete sich. Sie ging in sein Schlafzimmer, das er im anderen Teil der Wohnung allein bewohnte, und fand ihn tot im Bett. Gehirnschlag. Alle waren bestürzt, keiner vermochte diesen plötzlichen Schlag zu fassen. Im Deutschen Theater war die Totenfeier für Siegfried Jacobsohn. Kurt Tucholsky, der Freund und Streitgefährte, sprach: leise, stockend, ein bißchen hilflos; er konnte sich nicht vorstellen, wie es ohne Siegfried Jacobsohn weitergehen sollte. Carl saß blaß und in sich gekehrt neben mir; obwohl erst kurze Zeit Mitarbeiter der „Weltbühne“, so fühlte er sich Siegfried Jacobsohn doch tief verbunden. Auch er wußte nicht, wie das Blättchen ohne S. J.s Begeisterung und Arbeitseifer auskommen sollte.

Kurt Tucholsky übernahm die Leitung der „Weltbühne“. Carl wurde Redakteur und im Impressum als verantwortlich geführt. Der Platz, an dem Siegfried Jacobsohn Tag für Tag gesessen hatte, blieb leer. Sein Stuhl stand leicht angelehnt, wie immer, wenn er ihn nur für Augenblicke verlassen hatte. Niemand kam auf den Gedanken, diesen Stuhl zu benutzen. Es sah so aus, als könne Jacobsohn jeden Augenblick wieder eintreten. Es war eine stillschweigende Ehrung für diesen genialen Mann.

Tucholsky war ein unruhiger Geist, der nicht an einen Platz gebunden sein mochte. Er war, hinter dem Schreibtisch sitzend mit all den Pflichten eines Redakteurs vor sich, auch schwer vorstellbar. In diesen Wochen nach dem Tode S. J.s war Tucholsky todunglücklich. Er beschwor Frau Jacobsohn, ihm diese Bürde abzunehmen, und pries Carl als den für diese Arbeit Befähigteren. So übernahm Carl die Leitung der „Weltbühne“, er war sich immer bewußt, welch schweres Erbe er da zu verwalten hatte. Tucholsky verließ Berlin, er blieb jedoch *der* Mitarbeiter der „Weltbühne“. Seit Ende 1927 erschien Carls Name als Leiter der „Weltbühne“ nun auch für die Öffentlichkeit erkennbar auf dem roten Umschlag. Der Stuhl an Siegfried Jacobsohns Schreibtisch blieb weiter leer. Alles war unverändert, nur ein Foto Jacobsohns sah herab in den stiller gewordenen Raum.

Einmal in der Woche, meist am Sonntagmorgen, fuhr Carl zu Frau Jacobsohn nach Grunewald, um gemeinsam mit ihr redaktionelle und verlegerische Fragen zu besprechen. Carls Verantwortung war gewaltig gestiegen, ein großes Arbeitsgebiet mußte bewältigt werden. Die Zeit ging dahin wie im Fluge, aus Monaten wurden Jahre, und nur zweimal kam Carl dazu, einige Tage Urlaub zu machen. Seit dem Ende des Krieges hatte er mit äußerster Anspannung gearbeitet. An eine gemeinsame Reise nach Weimar erinnere ich mich noch; Carl besuchte Harry Graf Kessler[17] in seinem schönen Weimarer Haus, sie waren von der Deutschen Friedensgesellschaft her bekannt miteinander, und Kessler gehörte auch zum Besucherkreis Frau Jacobsohns. Weimar war für Carl und mich sehr anregend, endlich hatten wir etwas Zeit füreinander; im Goethe- und im Schillerhaus erwies sich Carl als vorzüglicher „Fremdenführer“.

Einmal auch, im Oktober 1930, fuhr Carl nach Schweden zu Tucholsky. Auf der Rückreise von dort schrieb er mir damals einen kurzen Brief:

„Hotel Terminus Kobenhavn den 27. X. 1930

Liebe Maus,

also jetzt Kopenhagen. In der Nacht angekommen. Gut untergebracht, gut geschlafen. Für die Reise hatte ich gutes Wetter. Vorher war es allerdings schlimm. Mit Tucholsky den ganzen Tag gequasselt, so daß die Zeit nicht lang wurde. Es gibt da sehr viel zu erzählen, und der Besuch war wichtig. Ich kann das nicht alles schreiben. Am Mittwoch oder Donnerstag werde ich retour sein. Tucholsky bat mich, länger zu bleiben, sonst wäre ich morgen zurückgewesen. Ich konnte das nicht abschlagen.

Und was macht Ihr beide? Ich habe nur eine einzige Karte gesehen, nur eine. Warum nicht mehr? Ich hoffe, daß es Euch beiden gut geht, daß Babbie sich nett verhält...

Ich habe hier in Kopenhagen noch einiges zu erledigen, Besuche zu machen, mit Leuten zu sprechen. Erkundigungen einzuziehen über die Verhältnisse, falls das Blättle einmal bei uns Schwierigkeiten hat. Ich wünsche sehr, daß das alles nicht nötig sein wird.

Ich bin bald wieder da und grüße und küsse meine beiden kleinen Leute.

Dein Carl“

Auch außerhalb der Redaktion setzte Carl seine politische Arbeit fort. Bezeichnend für ihn war sein Auftreten im Ausschuß, der die Berliner Maivorgänge von 1929 untersuchte. Zörgiebel, der Polizeipräsident von Berlin, ein Sozialdemokrat, hatte am 1. Mai 1929 auf die Demonstrierenden schießen lassen. Die Versammlung des Ausschusses fand am 6. Juni 1929 im Großen Schauspielhaus statt.

Schon vorher war Carl bei seinem Kampf gegen die geheime Wiederaufrüstung in eine schwierige Situation geraten. In Nummer 11 der „Weltbühne“ von 1929 war ein für uneingeweihte Kreise aufsehenerregender Artikel von Wal-

Einziges Familienfoto, aufgenommen im Sommer 1931 in Štrbské Pleso, Tschechoslowakei

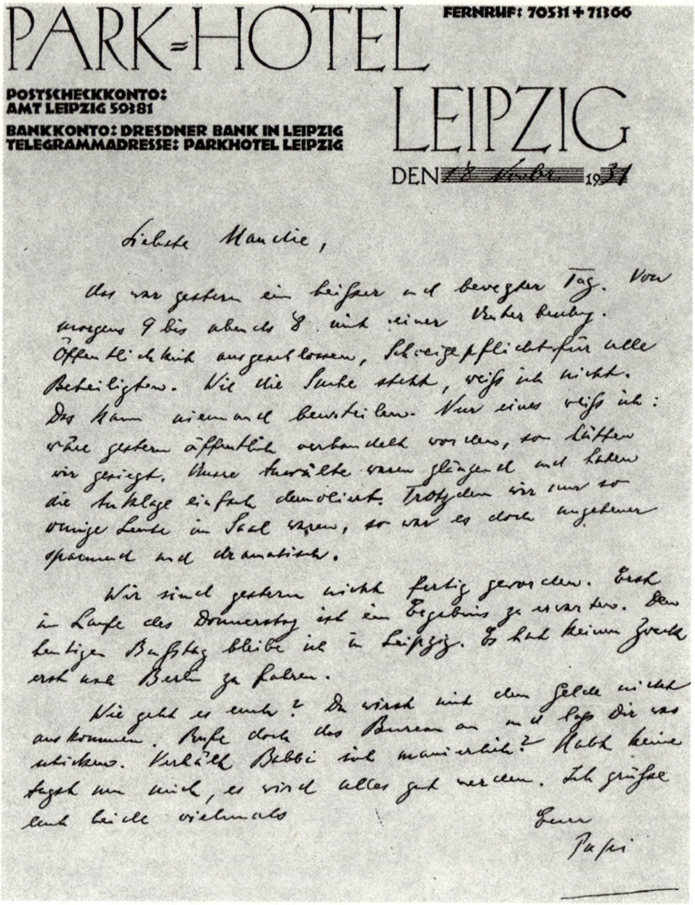

PARK-HOTEL LEIPZIG

FERNRUF: 70531 + 71366

POSTSCHECKKONTO: AMT LEIPZIG 59381

BANKKONTO: DRESDNER BANK IN LEIPZIG

TELEGRAMMADRESSE: PARKHOTEL LEIPZIG

DEN 18. Novbr. 1931

Liebste Maudie,

Das war gestern ein heißer und bewegter Tag. Von morgens 9 bis abends 8 mit einer Unterbrechung. Öffentlichkeit ausgeschlossen, Schweigepflicht für alle Beteiligten. Wie die Sache steht, weiß ich nicht. Das kann niemand beurteilen. Nur eines weiß ich: wäre gestern öffentlich verhandelt worden, so hätten wir gesiegt. Unsere Anwälte waren glänzend und haben die Anklage einfach demoliert. Trotzdem wir nur so wenige Leute im Saal waren, so war es doch ungeheuer spannend und dramatisch.

Wir sind gestern nicht fertig geworden. Erst im Laufe des Donnerstag ist ein Ergebnis zu erwarten. Den heutigen Bußtag bleibe ich in Leipzig. Es hat keinen Zweck erst nach Berlin zu fahren.

Wie geht es euch? Du wirst mit dem Gelde nicht auskommen. Rufe doch das Bureau an und laß Dir was schicken. Verhält Bobbi sich manierlich? Habt keine Angst um mich, es wird alles gut werden. Ich grüße Euch beide vielmals

Euer

Papi

Brief aus Leipzig vom 18. November 1931 an Maud[18]

ter Kreiser (unter dem Pseudonym Heinz Jäger) erschienen: „Windiges aus der deutschen Luftfahrt". Kreiser prangerte in diesem Artikel die geheime Aufrüstung Deutschlands an. Der damalige Reichswehrminister Groener erhob Anklage gegen die „Weltbühne, vertreten durch ihren Chefredakteur Carl v. Ossietzky, sowie gegen den Autor des Artikels", der die dunklen Machenschaften der Reichswehr an das Licht des Tages gezogen hatte.

Am 1. Januar 1931 trug Carl in unser Erinnerungsbuch einige Sätze ein, die seine Sorge um die Zukunft zeigten: „Weiter: die Lage im Lande ist nicht heiter. Was kommen wird, weiß ich nicht. Aber es sind viele böse Dinge zu erwarten. Dafür müssen wir beide gerüstet sein. Ich muß gute Nerven haben in nächster Zeit. Tu Du das Deinige, daß wir gut herauskommen aus allem."

Carl wurde am 23. November 1931 vom Reichsgericht in Leipzig zu anderthalb Jahren Gefängnis verurteilt. Es war deutlich erkennbar, daß es sich dabei um ein Urteil gegen Carls konsequente antimilitaristische Haltung handelte. Kreiser floh nach Paris. In unser Erinnerungsbuch schrieb Carl mir damals, am 6. März 1932:

„Liebste Maudie!

Wir haben ein böses Jahr hinter uns, und was noch kommen wird, weiß niemand. Es kann bald alles drüber und drunter sein. Wahrscheinlich ist es schon so, und man hat sich so sehr daran gewöhnt, daß man es kaum mehr bemerkt.

Du weißt, was ich in Leipzig erlebt habe. Ich habe immer zu meiner Meinung gestanden, und deshalb will man mich unschädlich machen. Wenigstens mundtot. Wenigstens will man mich abschrecken. Das wird nicht gelingen. Auch Du wirst der Meinung sein, daß ich mich nicht drücken darf. Vor den Drohungen irdischer Macht die Beständigkeit der Haltung zu wahren, das ist eine der wenigen Genugtuungen, die es im Leben gibt. Hält man nicht durch, wird man weich, man bereut es ein Lebelang.

Dennoch weiß ich, daß das Urteil nicht leicht ist, und wird es wirklich vollstreckt, so bedeutet es im Leben eine tiefe Furche. Vielleicht haben wir Glück, und es kommt nicht soweit. Aber man darf nicht auf den besten Ausgang rechnen, wenn man nicht sehr enttäuscht werden will.

Das wird für uns eine harte Nervenprobe sein. Wie sehr, das haben wir beide in diesen Monaten erfahren, wo wir so wenig darüber gesprochen haben. Ich bitte Dich, in dieser Zeit zu mir zu stehen, denn Du bist meine Hauptangst – mehr als andre. Du weißt, daß ich in allem zu Dir halte, auch wenn ich oft wortkarg bin und wenig spreche. Es wird wieder eine hellere Zeit kommen, in der es sich leichter lachen läßt als heute. Aber zu Dir stehe ich unverändert. Ich halte zu Dir, ich will Dir helfen – Du, mein Sorgenkind. Und dann ist noch der kleine Balg da, zu dem wir gut sein müssen und der das Beste haben muß. Ich liebe Euch beide, meine Kinder, und jetzt haut Euch nicht um mich!

Dein Carl“

Einige Freunde rieten Carl damals, ins Ausland zu fliehen. Er lehnte das jedoch ab und legte in seinem Bericht „Rechenschaft“ in der „Weltbühne“ vom 10. Mai 1932 seine Gründe dar. Am gleichen Tage trat er die Fahrt ins Tegeler Gefängnis an; für die Zeit der Haft übernahm Hellmut v. Gerlach die Leitung der Weltbühne.

Carls Fahrt ins Gefängnis benutzten die Demokraten und Friedensfreunde zu einer großen Demonstration; bedeutende Schriftsteller und Wissenschaftler gaben ihm das Geleit: darunter Ernst Toller, Lion Feuchtwanger, Alfred Polgar, Arnold Zweig, Bruno Frei, Rudolf Olden, Alfons Goldschmidt, Prof. Albert Einstein, Dr. Apfel und noch viele andere. Carl schrieb mir aus Tegel noch am Tage seiner Ankunft einen Brief:

Maud und Carl im Berliner Zoo, Frühjahr 1932

„Berlin-Tegel, den 10. Mai 1932 Seidelstraße 39

Liebste Maudie,

den ersten Tag hätte ich hinter mir. Was soll ich schreiben? Es ist einsam hier, ich habe nichts zu rauchen und weder Bücher noch Papier. Weiß Gott, wann ich das bekomme. Aber die Beamten, die ich gesprochen habe, sind alle freundlich und nett und voll Interesse für mich. Die Zelle ist hell und frisch gestrichen, infolgedessen sehr sauber. Sie wirkt mit ihrem Steinboden wie ein großes Badezimmer. Das ist alles gar nicht übel und wahrscheinlich das Beste, was heute geliefert werden kann. Aber die Vorstellung, daß hier jemand viele Monate sitzen soll, ist doch phantastisch.

Vielleicht wird Dich trösten, was Du inzwischen von Dr. Apfel und andern gehört hast, die mich hinausgeleitet haben. Es waren sehr viele Leute gekommen, ein paar berühmte Schriftsteller dazwischen wie Toller, Feuchtwanger, Arnold Zweig, Roda Roda, Leonhard Frank. Es gab Ansprachen, es wurde wieder und wieder photographiert. Unter Hochrufen ging ich durchs Gefängnistor. Dieser Tag, der der traurigste hätte werden können, ist für mich der stolzeste meines Lebens geworden.

Dennoch war es gut, daß Du das nicht hast miterlebt. Mich hat es erschüttert, Dich hätte es völlig kaputt gemacht. Hoffentlich hat man Dir alles gut und genau geschildert. Es muß auch in den Zeitungen einiges stehen...

Liebes, liebes Kind – jetzt wird für längere Dauer kein Brief mehr gestattet sein. Bitte, achte sorgfältig auf Dich, pflege Dich. – Deine Entsagung hilft mir nichts. Grüße unsere Kleine, wenn Du hinfährst. Küsse sie für mich. Ich hoffe, von Dir bald zu hören. Verzweifle nicht, es muß besser werden. Vieles möchte ich Dir heute abend schreiben, was ich, als zu persönlich, nicht schreibe. Ach, liebe Maus, Freundin meiner Jugend, ich wünsche Dir gute Tage, Dir soll das Leben leicht werden. Bitte, sei nicht einsam, verkrieche Dich nicht... (Weißt Du noch etwas Merkwürdiges: unter den Leuten, die mir in Tegel vor dem Tor die Hand drückten, da war Hans Pieper. Das hat mich so ergriffen.)

Grüße bitte die Redaktion, Frau Jacobsohn, Frl. Hünicke. Es geht mir gut! Bitte Grüße zu übermitteln an Arnheim, der sehr krank ist.

Ich küsse Dich, mein liebes, liebes Kind; trag den Kopf hoch. Es wird nicht so schlimm.

Dein Carl“

Gefängnis, Freiheit und KZ

Carl war jetzt in Tegel. Bemerkenswert schien mir, daß man ihm nicht schon bei der Anklageerhebung, sondern erst bei Haftantritt seinen Paß abgenommen hatte. Wollte man ihm eine Falle stellen? Sollte er zur Flucht ins Ausland angestiftet werden?

In Tegel bot man Carl verschiedene Vergünstigungen an; z. B. hätte er sein Essen privat von draußen erhalten können. Er lehnte ab. Er durfte Zeitungen lesen, aber nicht rauchen. Andere politische Gefangene durften rauchen, aber nicht lesen. Beim täglichen gemeinsamen Rundgang, der eine halbe Stunde dauerte, tauschte man Zeitungen und Tabak, es ging auch so.

Es waren noch nicht zwei Monate in Tegel vergangen, da mußte Carl am 1. Juli wieder vor Gericht erscheinen. Ein neuer Prozeß war gegen ihn und Kurt Tucholsky eröffnet worden. Gegenstand der Anklage war ein im August 1931 veröffentlichtes Dokument: die Exhortatio des Papstes Benedikt XV. vom 28. Juli 1915. Durch die „Weltbühne" erfuhren die deutschen Katholiken, daß der Papst 1915 den Krieg „eine entsetzliche Geißel" und „eine grauenvolle Schlächterei" und „ein entehrendes Gemetzel" genannt hatte. 1915 war in Deutschland nur eine Fälschung publiziert worden.

Anklage hatte wieder der Kriegsminister Groener erhoben. Carl stand allein vor Gericht, Tucholsky war nicht erschienen, er war in Paris geblieben. Rudolf Olden und Dr. Apfel verteidigten Carl glänzend, und nach seiner Schlußrede erging Freispruch.

Die Rede vor Gericht ist nach Notizen von Milly Zirker (Pseudonym: Johannes Bückler) in der „Weltbühne" vom

Ossietzky beim Antritt seiner Haftstrafe am 10. Mai 1932 in Tegel, rechts sein Verteidiger Rudolf Olden

Der „Soldatenprozeß“, Berlin 1. Juli 1932 – von links nach rechts: Rudolf Olden, Ossietzky, Alfred Apfel[19]

5. Juli 1932 veröffentlicht worden. Im selben Heft wurde auch in einem Artikel über den Prozeß berichtet. Ich möchte daraus zitieren, weil das, was da über Carls Haltung geschrieben wurde, nicht nur für diesen Zeitabschnitt gültig ist.

„... Dann verantwortete sich Ossietzky. Etwas muß man wohl, ehe seine Worte folgen, über die Art sagen, in der er sich verteidigte. So wenig wir Personenkultus treiben wollen, so sei doch konstatiert, daß die Widerstandskraft, die er zeigte, vorbildlich ist. Bismarck hat beklagt, wir hätten zu wenig Zivilcourage. Was Ossietzky leistet, geht längst darüber hinaus, es ist nicht mehr Zivilcourage, nicht Zivilmut, es ist Ziviltapferkeit. Solange er wegen Landesverrats verfolgt wurde, solange er, verurteilt, die Verwerfung der Gnadengesuche und die Strafvollstreckung erwartete -- er ist nie auch nur um Fingerbreite von der gleich schroffen, gleich maßvollen Vertretung seines Standpunktes abgewichen. Jetzt sitzt er seit acht Wochen in Tegel, eine neue gefährliche Strafdrohung steht ihm bevor, aber er spricht, wie er früher geschrieben hat, ebenso schroff, ebenso maßvoll. Viele, die Grund haben, ihm zu grollen, weil er sie kritisierte, haben nicht genug Verständnis für das Beispiel, das er uns gibt. Der Mann ist nicht niederzuwerfen. Er ist auch, das bedeutet noch mehr, nicht aus seiner Ruhe zu bringen. Es ist, das ist zu bedenken, keiner zurückgeschlagenen Opposition damit gedient, wenn einer der ihren im Unglück anfängt, zu toben, zu exzedieren. Man sagt: begreiflich! Aber der Sache nützt er nicht mehr. Wie es um die andern steht, es sind heute nicht wenige, die vor dem Wind umfallen, nun, sie sind zu gar nichts mehr nütze. Wenn einer so steht, unbewegt, unbesorgt um sich – denkwürdig, daß die Anhänger des Vulgärheroismus gar keine Anerkennung dafür empfinden...“

Am Abend des 1. Juli kehrte Carl wieder nach Tegel zurück.

Carl hatte berühmte Zellennachbarn, die Geldschrankknacker Brüder Sass. Einige Male konnte er ein paar Worte mit ihnen wechseln. Sie rechneten es sich als Ehre an, einen solchen Zellennachbarn zu haben. Als Ehre rechnete es sich auch der Direktor an, daß Carl v. Ossietzky zu den Insassen seines Gefängnisses zählte. Ihm verdanke ich, daß ich Carl einige Male ganz allein sprechen konnte.

So auch an seinem dreiundvierzigsten Geburtstag am 3. Oktober. Ich hatte auch einen Abzug der am nächsten Tag erscheinenden „Weltbühne" mitgenommen, weil auf Seite 519 der Geburtstagsbrief Rudolf Arnheims veröffentlicht wurde. Daraus möchte ich einige Passagen zitieren, weil sie so treffend Carls Eigenarten schildern:

„Es ist eine grausame Ironie, daß man an einen solchen Ort des Uhrenkults und der preußischen Hausordnung grade Sie verschleppt hat, zu dessen Art es so gehört, sich über die bürgerlichen Regelmäßigkeiten hinwegzusetzen. Sie lieben es doch, Ihren Tag ohne Mittagessen und ohne Mantel hinzuleben, mit Kaffee zu den seltsamsten Tageszeiten und Tageszeitungen, mit halbeingestürzten Papierbergen auf Ihrem Schreibtisch, Sie bevorzugen Bleistiftstummel, wo andre nicht ohne ein Prunktintenfaß mit silbernem Rotstift auskommen. So ohne Aufwand und ohne Feierlichkeit tun Sie ja Ihre wichtige Arbeit, und deshalb schien Ihnen auch unbehaglicher fast als das Schicksal unverdienter Einkerkerung, daß der Weltbühnenprozeß Sie mitten in eine Öffentlichkeit hineinschob, die Sie aus der Ferne, mit verschlossenem Gesicht und mit einem Lächeln, das nicht jeder gleich bemerkt, zu betrachten wünschen; daß man den Menschen hinter dem Schriftsteller hervorzog. Ein Witz ist Ihnen lieber als eine Ansprache, aber dennoch haben Sie, als das Leipziger Unwetter niederging, gezeigt, daß Sie die Fähigkeit besitzen, die vielen unsrer Satiriker, auch begabten, mangelt: sehr ernst zu sein, wenn es lohnt; schwerkalibrig im Innern, auch wenn der Bleistift so leicht über das Papier geht wie der Ihre.

Wir haben, als Sie für Ihre Überzeugung nicht nur eine imaginäre Verantwortung, sondern die eigne Freiheit und Gesundheit einzusetzen hatten, gelernt, was ein echter Polemiker ist... Was Zivilcourage ist, diese Tugend, für die Sie sich als Schriftsteller so gern einsetzten, das haben Sie uns gezeigt.

Vater und Tochter am 22. Dezember 1932 in der Redaktion der „Weltbühne", Kantstraße 152

Ihr Schreibtisch ist, seit Sie fort sind, nicht viel leerer geworden. Immer noch laufen allmorgendlich zahlreiche Gedichte ein, die von hohläugigen Huren handeln und mit einem ungereimten Ausblick auf die Weltrevolution schließen, immer noch die tatsachenschweren, aber Ihres Korrekturstiftes so bedürftigen Mammutabhandlungen, die Sie resignierten Gesichts unter den Arm zu klemmen pflegen, wenn Sie Kaffee trinken gehen. Sie haben bisher nicht viel versäumt, außer vielleicht jenen alten Mann, der uns fünf Kurzopern mit Ballett nebst einer pazifistischen Broschüre von fünfzig Seiten zum Abdruck in der ‚Weltbühne' anbot. Vermissen Sie das Päckchen Zeitungsausschnitte, das jeden Tag eintrifft?

Lieber Herr von Ossietzky, die Wand, die wir mit ausgeschnittenen Photos zu dekorieren pflegen und auf der Sie zwischen Greta Garbo und dem Genossen Zörgiebel prangen, soll neu tapeziert werden. Der Stubenmaler will Sie, vielleicht aus Sympathie für seinen berühmtesten Berufskollegen, überkleben. Es wird ihm wenig nützen. Denn wir vermissen Sie alle..."

Eher als gedacht, am 22. Dezember 1932, kam Carl durch die Weihnachtsamnestie Hindenburgs wieder frei. Sein erster Weg führte in ein Zigarrengeschäft und in einen Bäckerladen. Er kaufte Zigaretten und Zigarren aller Art sowie eine große Menge Kuchen und schickte es den politischen Gefangenen zum Weihnachtsfest ins Gefängnis Tegel. Danach ging er ins Büro, wo ich ihn schon erwartete. Alle Mitarbeiter begrüßten und beglückwünschten ihn sehr herzlich. Es herrschte eine solche Freude über Carls Rückkehr, daß wir ein paar Tage später ein regelrechtes Wiedersehensfest feierten. Am 1. Januar übernahm Carl wieder die Leitung der „Weltbühne".

Ganze zwei Monate blieben ihm nur, in der „Weltbühne" seine aufrüttelnden Warnsignale hinauszusenden.

Indessen spitzte sich die politische Lage immer mehr zu, man saß wie auf einem Pulverfaß, das jeden Augenblick in die Luft gehen konnte. Jeder Tag brachte neue, schwerfaßliche Nachrichten. Es lag ein drohendes Unheil in der Luft, das langsam näher zu kommen schien. Niemand von uns wußte aber zu sagen, wann es eintreffen und wen es treffen würde.

Die Reihen der Gleichgesinnten, der Sprecher für den Frieden, lichteten sich. Stillschweigend ging mancher ins Ausland, die Fremde der Ungewißheit im eigenen Land vorziehend. Wiederum riet man auch Carl zu gehen. Er wollte aber nicht. Seine Einstellung verbot es ihm, die vielfältige, opferreiche Arbeit für den Frieden, so bedroht sie auch war, im Stich zu lassen. Kurz vor dem Reichstagsbrand sprach er auf einer Versammlung des Schutzverbandes deutscher Schriftsteller einige Sätze, die als sein politisches Bekenntnis gelten können: „Ich gehöre keiner Partei an. Ich habe nach allen Seiten gekämpft, mehr nach rechts, aber auch nach links. Heute jedoch sollen wir wissen, daß links von uns nur noch Verbündete stehen."

Und er sagte auch: „Die Flagge, zu der ich mich bekenne, ist das Banner der geeinten antifaschistischen Bewegung."

Dann kam der 27. Februar 1933, einer der schwärzesten Tage in der deutschen Geschichte.

In Grunewald bei Frau Jacobsohn wurde das Gespräch vom Vormittag fortgesetzt. Man überlegte, was zu tun sei. Harry Graf Kessler hatte Hellmut von Gerlach geraten, jetzt so schnell wie möglich Deutschland zu verlassen, da die Nazis eine Großaktion gegen Kommunisten und alle Linken vorbereiteten. Kesslers Warnung wurde von Gerlach und Frau Jacobsohn sehr ernst genommen, und sie bemühten sich, auch Carl von der drohenden Gefahr zu überzeugen. Sie wollten am nächsten Tage Berlin verlassen. Es war schon spät am Abend, als Carl von dieser Besprechung auf dem Wege nach Hause war und am Potsdamer Platz vorüberkam. Hier hörte er, daß der Reichstag brenne. Extrablätter wurden verteilt, auffallend viele Menschen schienen unterwegs zu sein. Eine unheimliche Spannung breitete sich über das mitternächtliche Berlin aus.

Carl kam nach Hause. Er hatte eine Zeitung mitgebracht

und erzählte mir, was geschehen war. Meine erste Frage lautete: „Was machen wir nun?"

„Erst mal schlafen gehen!" sagte er in gewohnter Ruhe. Ich mühte mich, einen klaren Gedanken zu fassen, und erwiderte: „Carl, du mußt doch jetzt fliehen!"

Carl schüttelte den Kopf: „Nein, ich warte noch drei Tage."

Ich dachte an ein Gespräch, das er einige Tage zuvor mit Herrn von Gerlach gehabt hatte. Gerlach hatte ihm da schon geraten: „Ossietzky, kommen Sie mit, ich fahre nach Frankreich, hier ist der Boden jetzt zu heiß für uns!" Carl war einer direkten Antwort ausgewichen: „Erst muß ich mit meiner Frau alles besprechen, vielleicht komme ich später nach." War es schon zu spät?

Wir versuchten zu schlafen. Vergeblich. Ich stand auf, kochte Kaffee. Wir tranken schweigend, legten uns wieder hin. Jeder hing seinen Gedanken nach.

Um halb vier Uhr morgens klingelte es plötzlich, energisch und anhaltend. Carl setzte sich aufrecht und sagte nur: „Es ist zu spät!" Ich fragte zögernd: „Müssen wir denn aufmachen?"

„Natürlich mußt du aufmachen", sagte Carl. Ich warf meinen Morgenrock über und öffnete die Tür. Zwei Kriminalbeamte standen vor mir und zeigten ihre Ausweismarke. „Wir wollen Ihren Mann sprechen!" Schon gingen sie an mir vorüber, sahen sich flüchtig in der Wohnung um, Carl kam aus dem Schlafzimmer. „Sie sind verhaftet!" Ruhig und beherrscht sagte Carl nur: „Sie werden doch erlauben, daß ich mich erst anziehe."

Mit einer Handbewegung, ich war keines Wortes mächtig, bat ich die Männer, im Wohnzimmer Platz zu nehmen. Leise sagte der eine: „Wir dürfen Ihren Mann aber nicht aus den Augen lassen." Carl ging ins Badezimmer, wusch sich, während ich eilig Kaffee kochte und ihm ein Butterbrot machte. Er aß es, und seine letzten Worte waren: „Kopf hoch! Ich komme bald wieder."

Ich ging zum Fenster, wie mit Blei an den Füßen. An der

Ecke stand ein Privatwagen. Drei Männer stiegen ein. Carl ging in der Mitte. Dann schoß der Wagen wie ein Pfeil davon. Ich versuchte zu überlegen, aber es ging nicht. Ich rief die Sekretärin von Frau Jacobsohn an, sage ihr, daß man Carl eben abgeholt hätte, und hörte ihre erschrockene Antwort: „Warum ist er bloß nach Hause gegangen…"

Das Sonderbare war, daß ich nichts begriff. Wie der Ertrinkende an den Strohhalm, so klammerte ich mich an den Gedanken, daß Carl doch nichts Schlimmes passieren könne, „da er ja nichts getan habe". Nein, ich konnte mir nicht vorstellen, daß seine letzten Worte wirklich seine letzten Worte waren, die letzten Worte eines freien Mannes. Ich begriff es nicht. Wollte mir das Schicksal etwa eine Wohltat erweisen, indem es mich mit solcher Ahnungslosigkeit schlug? Mit einem solch unerschütterlichen Glauben, daß einem Menschen, der nichts Unrechtes getan hatte, auch nichts Unrechtes geschehen könne.

Ein Leidensweg begann, und niemand vermochte abzusehen, wann er enden würde. Ich wußte, Carl ging ihn nicht allein. Tausende und aber Tausende Menschen gingen ihn, sie alle, die Carl jüngst noch als die „Verbündeten von links" bezeichnet hatte. Dazu kamen aber auch noch unendlich viele andere Menschen: Bibelforscher, Wissenschaftler, Menschen der verschiedenen politischen Richtungen. Eine große Gemeinschaft wurde auf diesem Leidensweg zusammengetrieben und zusammengeschlagen. Über Nacht waren sie vogelfrei geworden für die neuen Machthaber unter dem Hakenkreuz. Es floß das Blut von tapferen Männern und Frauen, das Blut von unschuldigen Kindern. Schon in den ersten Tagen nach dem Reichstagsbrand ging ein Wort um unter den Gefangenen, den Gemarterten in den Zuchthäusern und Gefängnissen, ein Wort, das einer dem anderen zähneknirschend weitergab: „Vater, vergib ihnen nicht, denn sie wissen, was sie tun!"

„Die Weltbühne" vom 7. März teilte auf der letzten Seite den Lesern Carls Verhaftung mit: „Nach den Ereignissen des 27. Februar wurde eine Reihe von Persönlichkeiten verhaftet, unter denen sich auch der Herausgeber unsres Blattes, Carl von Ossietzky, befindet. Redaktion und Verlag der Weltbühne versichern den Lesern, daß sie und ihr Rechtsbeistand Kurt Rosenfeld alles tun werden, was im Rahmen des heute noch Möglichen liegt, um Carl von Ossietzky die Freiheit wiederzuverschaffen."

Es war die letzte Nummer; nun war auch „Die Weltbühne" verboten.

Am 27. März 1933, einen Monat nach der Verhaftung, erhielt ich einen Brief Carls aus dem Gefängnis in Spandau. Er schrieb von dort: „... Ein klares Bild von der Zukunft habe ich natürlich nicht, aber ich fürchte, daß ich in der nächsten Zeit noch nicht mit völliger Bewegungsfreiheit rechnen kann. Deshalb müssen alle diese Dinge draußen und ohne mich reguliert werden. Ich möchte Dich gewiß nicht erschrecken, aber wir müssen uns auf eine längere Zeit von Ungewißheit vorbereiten. Das ist bitter, nicht nur im Hinblick auf die wirtschaftlichen Konsequenzen – wir müssen darüber hinwegkommen. Kopf hoch! Bleibe gesund, mein armes Kind, das ist zunächst das Wichtigste. Was macht Baby? Hast Du von ihr gehört? Grüße Milly recht schön von mir. Bitte das Abonnement der DAZ zu verlängern. Bitte mir mehr Zigaretten schicken. Es ist ja das Wichtigste für mich, und ich habe oft tagelang keine. Die Besorgung von hier aus ist höchst unregelmäßig..."

Auch für die jetzt dreizehnjährige Rosalinde begann eine schwere Zeit. Ihr Name, dank ihrem tapferen Vater, einer der geachtetsten in der Friedensbewegung der Welt, wurde über Nacht verleumdet, verachtet, bespien. Wie sollte die Dreizehnjährige es fassen, daß der geliebte Vater wie ein Schwerverbrecher abgeholt und verschleppt worden war? War der Vater unwiderruflich fort? Fort von der „Weltbühne", fort von der Mutter, fort auch von ihr?... Rosalinde wurde schwer damit fertig, denn sie war allein mit der furchtbaren Nachricht in der fernen Odenwaldschule.

Die Schule wurde aufgelöst. Ihr Begründer und Leiter mußte emigrieren. Rosalinde kam zu mir zurück, nach Berlin. Die unzähligen Haussuchungen nach Carls Verhaftung hatten aus unserer Wohnung jede Ruhe und Ordnung vertrieben. Es war schwer für uns beide. Ich meldete Rosalinde im Grauen Kloster an. Kinder sind grausam. Irgendwie war es bekannt geworden, was uns zugestoßen war. Die Mitschülerinnen mieden Rosalinde, manchmal beschimpften sie das Kind auch.

Freunde, mit denen ich über Rosalinde sprach, rieten mir, das Kind ins Ausland zu schicken. Ich mußte damit rechnen, daß mir eines Tages die Nazis Rosalinde wegnehmen und unser Kind in ihrem Sinne „erziehen" würden. Konnte ich das Risiko auf mich nehmen, sie bei mir zu behalten?

Ich entschied mich für England und war froh, daß mir die Vereinigung der Quäker behilflich war. Wegen der ständigen Beschattung durch die Gestapo wäre es ein Wagnis gewesen, wenn ich Rosalinde zum Bahnhof begleitet hätte. Eine gute Bekannte ging an meiner Stelle mit. Wir gaben die Hoffnung nicht auf, uns bald, bald wiederzusehen. Beide trugen wir Carls letzte Worte im Herzen: „Kopf hoch! Ich komme bald wieder!"

Der Tag der Abreise war gekommen, wie jeder andere Tag. Und das war der Abschied: keine Umarmung mehr, kein Wort, kein Händedruck, kein zärtlicher Kuß. An einem Abteilfenster stand mit nassen Augen das Kind. An irgendeiner Stelle des Bahnhofs, dem Abteil gegenüber, stand ich. Unmerklich nickten wir uns zum letzten Male zu.

Carl war inzwischen nach Sonnenburg gebracht worden. Er wußte von der Abreise Rosalindes und schrieb mit am 23. Juli 1933: „Liebste Maudie, ich habe Deinen und Babies Brief erhalten und freue mich, daß sie auch diese neue Veränderung mit so guter Laune erträgt. Mir wird nun sehr traurig ums Herz, wenn ich dabei an Dich denke, denn Du bist jetzt ganz allein. Ich kann Deine Situation nachfühlen, denn auch mir wird es schwer zu glauben, daß unser Kind, an das wir uns so gewöhnt haben, jetzt weit fort ist. Aber wenn ich es vernünftig überlege, so sage ich mir, daß es trotzdem das beste ist. So wie dort für sie gesorgt wird, könntest Du es nicht tun. Sie wird auch heiterere Eindrücke als in unserer Umgebung empfangen. Es ist jede Garantie vorhanden, daß sie dort gesünder und besser aufwächst als bei uns. Diese Erwägung muß uns die Trennung erleichtern. Aber für Dich namentlich ist das bitter genug, denn Du warst mit ihr in letzter Zeit oft zusammen, und ihre liebe kleine Stimme klingt noch immer in Dir nach. Wie auch in mir...“

Und drei Wochen später, in einem Brief vom 13. August aus Sonnenburg, sprach Carl mir neuen Trost zu: „... Ich war sehr unruhig geworden, weil ich von Dir nichts gehört hatte. Was Du geschrieben hast, klingt kleinlaut genug. Ich kann mich in Deine Lage hineinversetzen, Du mein armes verlorenes Schäfchen. Du mußt mit allen Kräften versuchen, über diese Zeit der Trennung hinwegzukommen, Du darfst den traurigen Gedanken nicht unterliegen. Wir haben schon manches Schwere hinter uns. Nimm meine herzlichsten und besten Wünsche zum 19. August. Das sind nun zwanzig Jahre her, und im Grunde ist es wie ein Tag. Manchmal war es nicht gerade einfach, und wir sind trotzdem immer durchgekommen. Und wenn wir heute vor die Wahl gestellt wären, ob wir es noch einmal durchleben wollten, ich glaube, wir würden es beide nicht ablehnen. Aber, mein Liebling, nicht den Kopf hängen lassen!...“

Getrenntes Leid, doppeltes Leid

Es war wohl zu viel über mich hereingebrochen. Carl hatte man von meiner Seite gerissen, auch unser einziges Kind hatte ich nun zu seinem eigenen Besten hergeben müssen. Ständig stand ich unter Beobachtung, es wurde immer drükkender, immer unerträglicher. Haussuchungen, Beschlagnahmen, Verhöre wechselten einander ab. Von Tag zu Tag fühlte ich mich elender. Ohne Carls Nähe war alles kahl und fremd in der Wohnung. Wo sollte ich hin?

Ich kampierte bei Bekannten, versuchte hier und dort für kurze Zeit unterzutauchen. Schließlich landete ich in einem Nervensanatorium in Schlachtensee, das einem Doktor Wolpert gehörte. Hier wurde ich etwas ruhiger. Als ich mich ein wenig erholt hatte, gab ich Dr. Wolpert Unterricht in Englisch. Das war uns beiden nützlich, und die Zeit verging nicht so quälend langsam. Hier in diesem Sanatorium traf ich auch mit der Gattin des verstorbenen Präsidenten Friedrich Ebert zusammen.

Wir alle suchten in diesem Sanatorium Ruhe, aber die Ruhe war auch hier trügerisch. Dr. Wolpert war jüdischer Abstammung, und die Nazis verhielten sich gegen ihn von Tag zu Tag herausfordernder. Es kam so weit, daß er nicht mehr durch das Hauptportal gehen konnte, ohne daß ihn Steine trafen. Nur noch durch Nebeneingänge vermochte er, den Hut tief in die Stirn gedrückt, sein Sanatorium zu betreten. Er, der Arzt, in dessen behutsamen Händen so viele menschliche Schicksale lagen. Man ließ nicht nach, bis das Sanatorium geschlossen wurde. Dr. Wolpert ging nach Frankreich ... Wieder mußte ich mir eine neue Unterkunft suchen: gehetzt, gemieden und verfolgt.

Carls erste Station auf dem Wege in die Konzentrationslager war das Polizeipräsidium am Alexanderplatz in Berlin. Es war gestattet, Wäsche und etwas Essen hinzubringen. Nach zermürbendem Warten in einer Reihe von Leidensgefährten mußte man die Sachen einem Beamten abliefern, der jedes Päckchen genauestens nach verbotenen Dingen durchsuchte. Er machte das mit einer aufreizenden Seelenruhe, die unsere stille Verbitterung noch heftiger werden ließ. Verboten waren Tabakwaren, Streichhölzer, Papier, Bleistift; verboten war auch, Zeitungen als Einwickelpapier zu benutzen.

Jeder, der in „Schutzhaft“ genommen worden war, hatte kein Anrecht mehr zu erfahren, wie sich die Welt draußen ohne ihn weiterbewegte. Er durfte nicht erfahren, was sich in der großen Politik oder im Leben seiner Familie ereignet hatte.

Sprecherlaubnis gab es nicht. Anträge wurden stur abgelehnt, wegen „Verdunkelungsgefahr“. Was alles mochte sich hinter den hohen Mauern des Berliner Polizeigefängnisses verbergen, was das Licht des Tages zu scheuen hatte? Auf diese Frage erhielt ich bald eine Antwort. Die beispiellosen Roheiten der SA-Männer blieben nicht lange unbekannt. Man flüsterte sich zu, man erzählte sich, trotz aller Furcht, trotz allen Bespitzelungen, was sich in den Kellern in der Prinz-Albrecht-Straße, im Hofe des Columbiahauses und in anderen Marterhöllen ereignete. Es sprach sich herum, daß Bluthunde auf wehrlose Häftlinge gehetzt wurden, daß man SA-Männer aufmarschieren ließ, die mit entsicherter Pistole anlegten und auf Befehl haarscharf an den gequälten, zu Tode erschrockenen Gefangenen vorbeischossen, bis ein Nervenzusammenbruch manchen gefügig machte. So wurden Geständnisse erpreßt und Unterschriften unter Protokolle gesetzt, so wurden „Taten“ zugegeben, die niemals geschehen waren. Nicht selten auch wurde am Ende einer solchen Prozedur das Opfer von Kugeln durchsiebt. „Auf der Flucht erschossen“, lautete dann die amtliche Lesart.

Carl war nur wenige Tage im Gefängnis am Alexanderplatz, dann brachte man ihn in die Friesenstraße, in das nur mit heimlichem Grauen genannte Columbiahaus. Mit einer infamen Fälschung versuchte der damalige Gestapochef Diehls eine Begründung für Carls Verhaftung zu liefern und Carl gleichzeitig mit dem Reichstagsbrand in Verbindung zu bringen. Die erste Nummer der „Berliner Illustrirten Zeitung", die nach dem Reichstagsbrand erschien, brachte auf dem Titelblatt ein Foto, das drei namhafte Kriegsgegner zeigt: den kommunistischen Reichstagsabgeordneten Ernst Torgler, den Schriftsteller Ludwig Renn und – in der Mitte des Bildes – den Herausgeber der „Weltbühne", Carl v. Ossietzky. Erst viel später, lange nach dem Kriege, habe ich erfahren, wie es dazu gekommen war.*

Torgler, Renn und Carl waren damals in den Händen der Gestapo. Sie wußten nichts von der Infamie, und hätten sie von ihr gewußt, wie hätten sie sich damals dagegen verteidigen sollen?

Wochen und Monate vergingen, aber es kam zu keinem Prozeß, so sehr es Carl danach verlangte, Gewißheit zu erlangen: Gewißheit über das, was man ihm vorwarf, Gewißheit auch über die voraussichtliche Dauer seiner Haft. Noch einmal hoffte er, Gelegenheit zu haben, seine Stimme gegen die Gewalthaber erheben zu können.

Die neuen Machthaber wußten aber, daß ein Prozeß für sie unbequem war, da er vielleicht eine gefährliche Resonanz in der Öffentlichkeit hervorrufen konnte. Wozu sich solchen Risiken aussetzen. Es gab eine bequemere Art, mit diesem unbeugsamen Friedenskämpfer fertig zu werden: man sperrte ihn ein und schwieg ihn einfach tot.

Aber Carl v. Ossietzky konnte nicht totgeschwiegen werden. Die modernen Inquisitoren sollten noch erfahren, daß sie sich in diesem Falle verrechnet hatten.

Vom Columbiahaus hatte man Carl ins Untersuchungsge-

* In der „Weltbühne" vom 27. Februar 1963 klärte Bruno Frei in seinem Artikel „Ossietzky und der Reichstagsbrand" auf, wie es zu diesem Foto gekommen war und was damit bezweckt werden sollte.

Ossietzky im Polizeigefängnis Sonnenburg 1933

fängnis nach Spandau gebracht. Schon wenige Tage später wurde Carl von Spandau nach Sonnenburg übergeführt. Unter den 300 „Schutzhäftlingen" befanden sich auch Erich Mühsam und Hans Litten. Alle meine Bemühungen, zu erfahren, ob und wann der Prozeß beginnen würde, blieben erfolglos. Im Zuchthaus Sonnenburg steckte man Carl in den Ostflügel, den kältesten Teil des Gebäudekomplexes. Seine ohnehin sehr geschwächte Gesundheit wurde noch mehr angegriffen, doch seine geistige Widerstandskraft blieb ungebrochen.

Einmal war eine Gruppe ausländischer Journalisten in Sonnenburg, unter ihnen der Amerikaner Hubert Knickerbocker, den Carl von Berlin her kannte. Sie konnten im Beisein des Kommandanten und der Wachmannschaft „frei" mit jedem Gefangenen sprechen. Zwischen Carl und Knickerbocker entspann sich folgender Dialog:

Knickerbocker: „Wie geht es Ihnen hier?"
Carl: „Gut!"
Knickerbocker: „Wie ist die Behandlung?"
Carl: „Gut!"
Knickerbocker: „Wie ist das Essen?"
Carl: „Gut!"
Knickerbocker: „Bekommen Sie Lesestoff?"
Carl: „Jawohl!"
Knickerbocker: „Darf man Ihnen Bücher zukommen lassen?"
Carl: „Jawohl!"
Knickerbocker: „Haben Sie besondere Wünsche?"
Carl: „Jawohl, deutsches Mittelalter!"

Kann es eine bessere Charakterisierung Sonnenburgs geben als diese eine Antwort? Carl schwebte in Lebensgefahr. Nach den vielen Mißhandlungen glich er einem Wrack, dennoch hatte er diese mutige Antwort gegeben, die den Blick auf die furchtbare Wirklichkeit freigab.

Erst viel später erhielt ich aus Berichten geflohener und

entlassener Häftlinge eine Vorstellung davon, was Carl und mit ihm viele andere damals zu erdulden hatten. Mühsam, der mit Carl bis Mai 1933 in Sonnenburg zusammen war und für ihn eine Eingabe an den Vorsitzenden des Schutzverbandes der deutschen Schriftsteller, Walter Bloem, gemacht hatte, notierte am 8. April 1933 drei Worte: „Erdarbeit mit Ossietzky."

Ein Berichterstatter erklärte diesen Satz später: „Es ist wahr, geschlagen wird nicht in Papenburg; es wird keiner mehr gezwungen, sein Grab zu schaufeln wie Ossietzky, Mühsam, Kaspar und Schneller in Sonnenburg."

Ein Mitgefangener, der längere Zeit mit Carl in Sonnenburg zusammen lebte, berichtete später:

„Im alten Zuchthaus Sonnenburg lernte ich Carl v. Ossietzky kennen. Er ist in der Nacht des Reichstagsbrandes in seiner Wohnung verhaftet und unter schweren Mißhandlungen und Todesdrohungen ins Gefängnis verschleppt worden. Im April 1933 wurde er in das Konzentrationslager Sonnenburg übergeführt. Ossietzky hatte geglaubt, über den Nationalsozialismus keine Illusionen zu hegen. Was er in Sonnenburg erlebte, hatte er jedoch vorher nie für möglich gehalten."

An einer weiteren Stelle des Berichts heißt es:

„Ossietzky wurde als ‚Landesverräter' und trotz rein arischer Abstammung als ‚Jude' und ‚Judensau' besonders malträtiert. Carl v. O. wurde im Laufschritt herumgejagt, mußte sich hinwerfen, aufstehen, wieder hinwerfen, wieder aufstehen. Betrunkene SA-Leute ließen sich das Vergnügen nicht nehmen, hinter ihm herzulaufen und Ungeschicklichkeiten Ossietzkys durch Fußtritte und Schläge zu bestrafen. Oft vermochte sich Ossietzky kaum noch zu erheben, stumm lag er da, ohne Protest, ohne seinen Schmerz zu äußern. Solche Augenblicke benutzte der Sturmführer Bahr, ihn mit den Füßen zu stoßen und zu brüllen: ‚Du polnische Sau, verrecke endlich!' Wenn sich Ossietzky erhob, wurde er wieder geschlagen und getreten. Einige Wochen wiederholten sich solche Szenen auf dem Gefängnishof."

Dieser Bericht zeigt, was alles ein Mensch ertragen kann, wie stark aber auch sein Idealismus, seine Widerstandskraft sein müssen.

Endlich erhielt ich die erste Sprecherlaubnis für Sonnenburg, gemeinsam mit der Sekretärin der „Weltbühne". Welch ein Wiedersehen...

Für kostbare Augenblicke durfte ich neben ihm sitzen. Ich hielt seine Hände, abgezehrte, abgearbeitete Hände. Minutenlang blickten wir einander stumm an. Mir war die Kehle wie zugeschnürt. Dann stellte ich eine Frage, die sonst ganz selbstverständlich ist, die aber hier voll Bangigkeit war: „Wie geht es dir?" Leise, aber mit der alten Festigkeit in der Stimme, antwortete er: „Gut!"

Gut! In keiner anderen Umgebung ist wohl dieses kleine Wörtchen so trügerisch-vieldeutig, so gehemmt ausgesprochen worden wie in den Konzentrationslagern und Zuchthäusern der Nazizeit. Ich spürte, ich werde nie erfahren, wie es Carl wirklich ging, er würde es niemals aussprechen, weil er nicht sprechen durfte. „Hoffentlich machen sie mir bald einen Prozeß!" sagte Carl. Wir ahnten noch nicht, daß dieser Wunsch niemals in Erfüllung gehen sollte.

Die Sprechzeit war vorbei, ehe wir uns der Bedeutung jeder Minute bewußt geworden waren. Ich konnte nicht wegsehen von seinem blassen, verschlossenen Gesicht, nur die Augen führten die alte, mir vertraute Sprache. Trotz der ohnmächtigen Sorge um Carls Gesundheit, um sein Leben, das an diesem Ort so fragwürdig geworden war, nahm ich doch einen kleinen Tropfen Glück mit: ich hatte ihn gesehen, ich hatte seine Hände gehalten.

Damals wußte ich auch noch nichts von einem Vorkommnis aus dieser Zeit, das Carl lange aufs tiefste beunruhigt hatte. In seinen letzten Lebenswochen erzählte er es mir dann selbst.

Eines Tages erschien ein Beamter in seiner Zelle, um nochmals verschiedene Fragen zu stellen, wie das schon oft genug geschehen war. Er kannte das, diese Kreuz- und Querfragen, die nur darauf abzielten, irgendwo einen Widerspruch zu finden. Das konnte Carl nicht aus dem Konzept bringen. Als er jedoch zufällig einen Blick auf das Aktenstück warf, in dem der Beamte blätterte, sah er mit Bestürzung, daß deutlich mit großer Druckschrift, rot unterstrichen, über die ganze Breite des Deckels das Wort „Reichstagsbrand" zu lesen war.

Was hatte das zu bedeuten? Wollte man ihn mit dem Reichstagsbrand in Verbindung bringen? Da er von dem Foto in der „Berliner Illustrirten Zeitung", von den Machenschaften der Gestapo nichts wußte, traf ihn diese Verdächtigung wie ein Keulenschlag. Er wußte seit seiner Verhaftung gut genug, mit welchen Methoden die Nazis ihre Gegner fertigmachen. Allein, er ließ sich nicht die geringste Erregung anmerken. Carl sah, daß in dem Deckel mit der Aufschrift „Reichstagsbrand" sein eigenes Aktenstück steckte. Was hatte man mit ihm vor? Diese Frage bedrückte ihn lange Zeit, als aber keine weiteren Vernehmungen folgten, fand er langsam seine Ruhe wieder. War dieser Beamtenbesuch nur ein Schreckschuß gewesen?

Im Herbst 1933 erhielt Carl eine Ansichtspostkarte von Rosalinde aus England. Das Kind schrieb nur ein paar Worte, daß es sich freue, in England zu sein, wo es schöner wäre als in Deutschland.

Rosalinde mochte manches Mal recht traurig sein über die Trennung von ihren Eltern und ihrer Heimat – trotzdem aber war ihr England lieber als Nazideutschland.

Für diese Zeilen mußte Carl schwer leiden. Jahre später erfuhr ich, wie er deshalb mißhandelt worden war. Man hatte ihm auch das Essen entzogen, ihn wieder einmal „fertiggemacht". Er wurde mit Fußtritten gestoßen, bis er halb bewußtlos liegenblieb. Einzig und allein deshalb, weil er die Anschauungen der neuen Machthaber nicht teilte, und auch dafür, daß sein Kind, ein Schulmädchen, zu schreiben gewagt hatte, es sei in England schöner als in Deutschland.

Wieder vergingen Wochen und Monate bangen Wartens. Ich war nach Hamburg zu Carls Stiefvater gezogen. Im Februar 1934 wurde Carl ins KZ Papenburg-Esterwegen, nahe

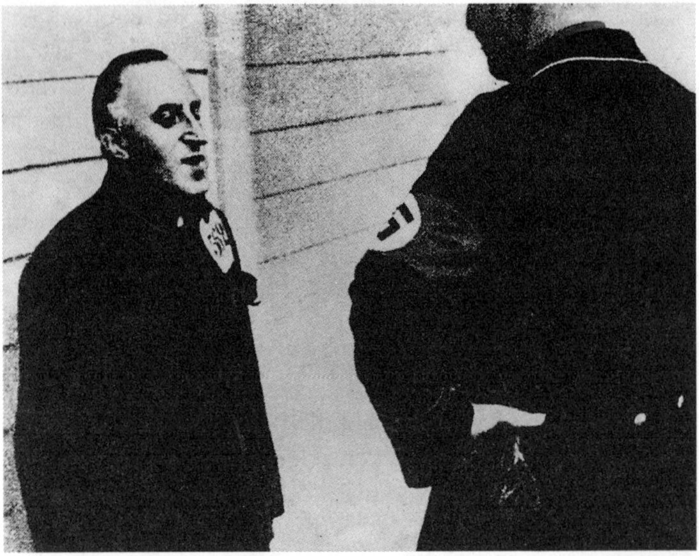

Der „Schutzhäftling" 562 im Konzentrationslager Esterwegen 1935

„Noch heute steht mir das KZ vor Augen. Ich sehe die elektrisch geladenen Drahtgitter..." Maud war am 3. Juli 1935 in Esterwegen.

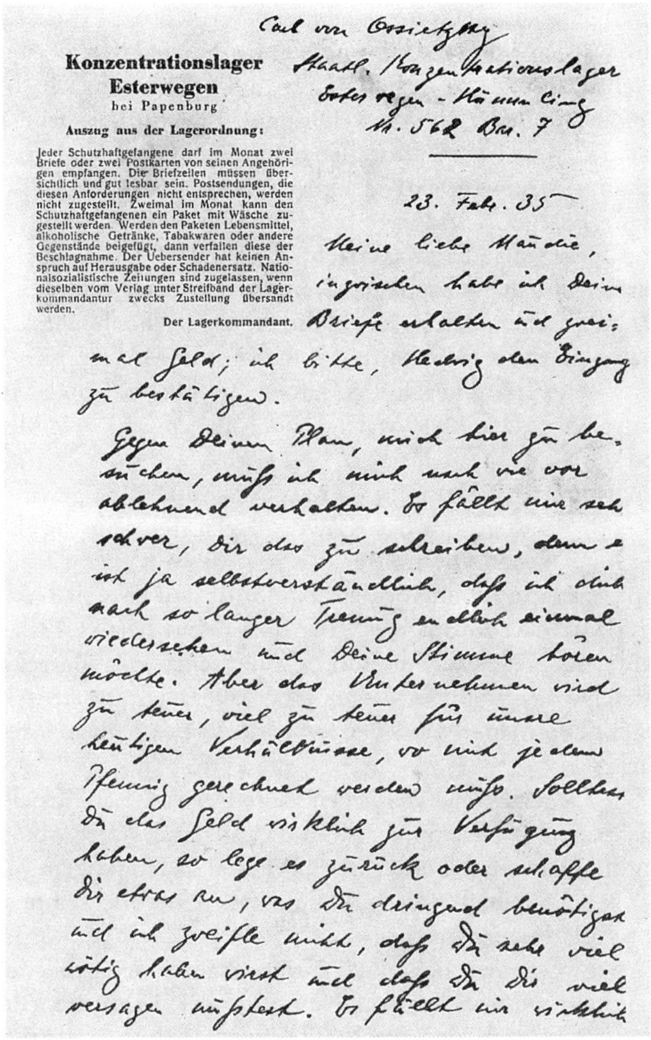

Konzentrationslager Esterwegen
bei Papenburg

Auszug aus der Lagerordnung:

Jeder Schutzhaftgefangene darf im Monat zwei Briefe oder zwei Postkarten von seinen Angehörigen empfangen. Die Briefzeilen müssen übersichtlich und gut lesbar sein. Postsendungen, die diesen Anforderungen nicht entsprechen, werden nicht zugestellt. Zweimal im Monat kann den Schutzhaftgefangenen ein Paket mit Wäsche zugestellt werden. Werden den Paketen Lebensmittel, alkoholische Getränke, Tabakwaren oder andere Gegenstände beigefügt, dann verfallen diese der Beschlagnahme. Der Uebersender hat keinen Anspruch auf Herausgabe oder Schadenersatz. Nationalsozialistische Zeitungen sind zugelassen, wenn dieselben vom Verlag unter Streifband der Lagerkommandantur zwecks Zustellung übersandt werden.

Der Lagerkommandant.

Carl von Ossietzky
Staatl. Konzentrationslager
Esterwegen – Hümmling
Nr. 562 Bar. 7

23. Febr. 35

Meine liebe Maudie,
inzwischen habe ich Deine Briefe erhalten und zweimal Geld; ich bitte, Hedwig den Eingang zu bestätigen.

Gegen Deinen Plan, mich hier zu besuchen, muß ich mich nach wie vor ablehnend verhalten. Es fällt mir sehr schwer, Dir das zu schreiben, denn es ist ja selbstverständlich, daß ich Dich nach so langer Trennung endlich einmal wiedersehen und Deine Stimme hören möchte. Aber das Unternehmen wird zu teuer, viel zu teuer für unsere heutigen Verhältnisse, wo mit jedem Pfennig gerechnet werden muß. Solltest Du das Geld wirklich zur Verfügung haben, so lege es zurück oder schaffe Dir etwas an, was Du dringend benötigst und ich zweifle nicht, daß Du sehr viel nötig haben wirst und daß Du Dir viel versagen mußtest. Es fällt mir wirklich

Brief aus Esterwegen vom 23. Februar 1935[20]

der holländischen Grenze, gebracht. Wie würde er es aushalten? War Papenburg schlimmer noch als Sonnenburg?

Ich beantragte Sprecherlaubnis und bekam sie nach einiger Zeit für den 3. Juli 1935. Diesmal nur für mich allein. In einem kleinen Raum, zwischen einem Wachmann und einem Kommissar, durfte ich Carl gegenübersitzen. Er bemerkte meine Erregung und sagte sogleich: „Bleib nur ruhig..." Und wenig später: „Was macht Rosalinde?" Stockend, gehemmt brachte ich einige Worte heraus, erschüttert von Carls Aussehen. Aber obwohl ihn die Leiden noch schmaler, noch blasser gemacht hatten, sprach er mir Mut zu. Es war, als wäre er frei und ich die Gefangene, die des Trostes bedurfte. Ach, wie klein war ich doch neben ihm, wie klein und schwach.

Ich fuhr nach Hamburg zurück, erschüttert, aufgewühlt. Noch heute steht mir das KZ vor Augen. Ich sehe die elektrisch geladenen Drahtgitter, ich sehe das mit einem Totenkopf verzierte Schild vor dem Haupttor und lese, daß jeder mit dem Tod bedroht wird, der diesen Ort betritt. Eiskalt wehte mich die Warnung an. Zu den einzelnen Baracken führten ganz schmale Wege. Über allem lastete ein Alpdruck, den man erst wieder loswurde, wenn man weit fort war.

Die Gegend um Esterwegen mutete trostlos an. Trockenes, dürftiges Gestrüpp, so weit das Auge sah. Hier arbeiteten die Gefangenen unter den härtesten Bedingungen, hier waren sie alle nichts als Moorsoldaten. Und doch einte sie eine gute Kameradschaft, sonst wäre Carl, einer der körperlich Schwächsten, nicht noch jahrelang am Leben geblieben. Man half, wo und wie es nur möglich war. Er durfte jeden Monat nur noch eine Postkarte schreiben. Immer zittriger wurde seine Handschrift, ein Spiegelbild seines körperlichen Verfalls. Aber kein Wort der Klage, nicht der leiseste Vorwurf hätten die strenge Zensur passieren und den Weg in die Öffentlichkeit finden können.

Als im Sommer 1934 Lord Listowel nach Deutschland reiste, bemühte er sich darum, Carl sehen zu können. Aber man gab ihm nicht die Erlaubnis. Einer holländischen Delegation, zwei Advokaten und einem Pfarrer, ging es nicht anders. Sie mußten sich mit den Angaben des Lagerkommandanten Loritz begnügen, ohne Carl zu Gesicht zu bekommen. Loritz hatte erklärt, daß unter seinem Kommando keine Mißhandlungen vorgekommen wären. Offenbar hielt er sich an einen Ausspruch Görings vor dem Außenpolitischen Amt der NSDAP am 12. Dezember 1934: „Wenn die Behauptung aufgestellt wird, daß die Konzentrationslager Folterstätten seien, so erkläre ich derartige Behauptungen für frei erfunden und böswillig erdacht."

Frei erfunden und böswillig erdacht waren also alle die verabscheuungswürdigen Quälereien, die Brutalitäten, die Geständniserpressungen, die kaltschnäuzigen Demütigungen. Frei erfunden und böswillig erdacht war es also, daß den Häftlingen ins Gesicht gespuckt wurde, daß man sie mit Fußtritten und Peitschenhieben traktierte, daß ihnen die Glieder verrenkt und gebrochen wurden, daß man sie auf diese oder jene Weise zu Tode brachte. Frei erfunden? Böswillig erdacht?

Von Rosalinde erhielt ich aus England nur spärliche Nachrichten. Ihre Briefe gaben mir keine rechte Vorstellung von ihrem jetzigen Leben. Auch die freundlichen, aber kurzen Berichte der Quäkerschule, der Badeles School, sprachen nur davon, daß Rosalinde gut untergebracht sei wie andere Kinder mit einem ähnlichen Schicksal.

Ich wandte mich daher an unseren Freund Ernst Toller, der nach England emigriert war, und bat ihn, doch einmal nach Rosalinde zu schauen. Eines Tages erhielt ich einen Brief von ihm, der mich tief berührte. Toller hatte Rosalinde unerwartet besucht und fand das Mädchen blaß, abgemagert, in tiefschwarzer Kleidung. Erst nach vorsichtigen Fragen erfuhr er, daß Rosalinde sich in dieser engen religiösen Atmosphäre sehr unglücklich fühlte. Sie sehnte sich nach persönlicher Fürsorge, nach einem lebendigen Kontakt und verzehrte sich in der Erinnerung an eine Vergangenheit, die nun so entsetzlich fern war. Gleich nach ihrer Ankunft hatte sie sich schwarze Kleidung gekauft, die sie seit Wochen und Monaten unablässig trug. Es war ein stummer Protest gegen das ungeheure Unrecht, das man ihrem geliebten Vater in Deutschland antat. Das hatte sie auch Toller gesagt, als er sie fragte, warum sie ganz in Schwarz gekleidet sei.

Dank Tollers freundschaftlichen Bemühungen nahm sich der bekannte englische Schriftsteller Lord Bertrand Russell Rosalindes an und brachte sie nach Devonshire in ein Internat, nach Dartington Hall. Hier gefiel es ihr gut, und sie blühte sichtlich auf. Die schwarzen Gewänder verschwanden, sie fand Freundinnen und lebte sich gut in die neue Umgebung ein. Um diese Zeit schrieb sie jene Karte an ihren Vater, die von dessen Peinigern so übel aufgenommen wurde. Ich erhielt eine kleine Unterstützung von den Quäkern und gab illegal Unterricht in Englisch. Im Sommer 1935 konnte ich für drei Monate nach England reisen. Ich fuhr zu meinen Freunden nach Hastings. Die Nazis hatten mir das Visum gegeben, wahrscheinlich vermuteten sie, ich würde in England bleiben, was sie dann propagandistisch gegen Carl ausnutzen wollten. In Dartington Hall habe ich auch Rosalinde wiedergesehen, es war eine freudige und zugleich schmerzliche Begegnung.

In London traf ich auch mit Ernst Toller, Lehmann-Rußbüldt, Rudolf Olden und Frau Edith Jacobsohn zusammen. Ich habe Edith Jacobsohn ein paarmal in ihrer Wohnung besucht. 1936 nahm sie sich in London das Leben, nicht zuletzt unter dem Eindruck von Tucholskys Selbstmord.

Während meines Aufenthaltes in London, Ende August 1935, schrieb ich einen kurzen Brief an die „Times“. Da ich nach Deutschland zurückkehren wollte, mußte ich diesen Brief sehr vorsichtig abfassen. Ich wollte aber den vielen Freunden Carls im Ausland wenigstens eine knappe Nachricht über Carl geben. Die „Times“ veröffentlichte meinen Brief, den ich hier einfüge:

Rosalinde in England. Die schwarze Kleidung war ein stummer Protest gegen das Unrecht, das Deutschland ihrem Vater antat, berichtet Ernst Toller.

„An den
Herausgeber der Times

Sehr geehrter Herr, –

darf ich Ihre Güte in Anspruch nehmen, die vielen Freunde und Bewunderer meines Mannes, Carl v. Ossietzky, wissen zu lassen, daß mir erlaubt wurde, ihn am 3. Juli zu besuchen. Ich fand ihn so wohl, wie es erwartet werden konnte. In der letzten Zeit hat er ärztliche Betreuung gehabt. Nach der Versicherung des Arztes leidet er nur an einer langjährigen Herzschwäche. Die Anstrengungen der Haft (jetzt zwei Jahre und sechs Monate) haben natürlich eine deprimierende Wirkung.

Hamburg, Deutschland, 29. Aug.

Ich bin Ihre ergebene
Maud von Ossietzky"

Es ist wohl gut, daß ich damals nicht gewußt habe, wie bitter der Leidensweg meines Mannes war, denn nicht die geringste seiner Lasten hätte ich ihm abnehmen können. Von Romain Rolland las ich einmal einen Satz, der mir ganz für Carl geschrieben schien: „Pazifismus heißt nicht nur Friedensfreund sein, sondern Friedenstäter; Pazifismus meint Aktivität, wirkenden Willen zum Frieden, nicht bloß Neigungen zur Ruhe und Behaglichkeit, er meint Kampf und fordert wie jeder Kampf in der Stunde der Gefahr Aufopferung und Heroismus."

Der Kampf um den Friedensnobelpreis

Auf die Machthaber des faschistischen Deutschlands muß es wie ein Schock gewirkt haben, als in vielen Ländern, immer häufiger und immer machtvoller, die Forderung erhoben wurde, den Friedensnobelpreis Carl v. Ossietzky zuzuerkennen. Immer mehr Menschen in vielen Ländern sahen in Carl, dem unbeugsamen Gegner des Naziregimes, dem unbequemen Insassen des KZ, die würdigste Persönlichkeit für die Auszeichnung mit dem Friedensnobelpreis. Immer deutlicher wurde erkennbar, daß sich eine starke Bewegung organisierte, um Carl zu retten.

Alfred Nobel hatte den größten Teil seines Vermögens einer Stiftung hinterlassen. Sein Testament aus dem Jahre 1895 besagte, daß jedes Jahr der Mann, der die größte Tat für den Frieden vollbracht hatte, unabhängig von seiner Nationalität, dafür ausgezeichnet werden sollte. Wörtlich hieß es: „... und einen Teil für den, der am meisten oder besten für die Verbrüderung der Völker und Abschaffung oder Herabsetzung der stehenden Heere gewirkt hat..."

Die Liste derjenigen, die seit 1900 den Friedensnobelpreis erhalten hatten, war lang, aber unter den Ausgezeichneten gab es bisher keinen „Märtyrer des Friedens". Schon im Januar 1934 schlug die Sektion der Liga für Menschenrechte in Strasbourg Carl für den Friedensnobelpreis vor. Im Juni 1934 bekundeten Zehntausende Norweger vor dem Stortinggebäude in Oslo ihre Verehrung für Ossietzky. Dafür, daß Carl der Friedensnobelpreis zuerkannt würde, sprachen sich auch die Friedensfreunde in der Tschechoslowakei aus, die österreichische Friedensgesellschaft, der Internationale Freidenkerkongreß in Barcelona; ihre Stimme für Carl erhoben, um nur wenige zu nennen, auch Romain Rolland, Heinrich Mann, Lion Feuchtwanger, Frau Jane Addams, die Friedensnobelpreisträgerin von 1931, und die Brüsseler Konferenz der Kommunistischen Partei Deutschlands stellte im Oktober 1935 an die Spitze ihres Programms den Kampf für „die Befreiung Thälmanns, Mierendorffs, Ossietzkys sowie aller anderen eingekerkerten Antifaschisten..."

Wie sehr wäre Carl gestärkt worden, wenn er damals von diesen vielfältigen Bemühungen erfahren hätte. Wieviel neue Kraft hätte ihm diese leidenschaftliche Welle der Anteilnahme und Sympathie gegeben. Damals aber wußte er kaum etwas, und auch mir war davon nur wenig bekannt. Doch ich bin sicher, daß ihn allein die Tatsache, daß er für den Friedensnobelpreis vorgeschlagen worden war – eine Tatsache, die man auch ihm im KZ nicht verheimlichen konnte –, neue Zuversicht gegeben hat, standhaft und aufrecht seinen bitteren Weg zu Ende zu gehen.

Unter denen, die um Carls Leben und um seine Freilassung bis zum letzten Atemzug kämpften, waren vor allem Hellmut von Gerlach, sein alter Lehrmeister, wie Carl ihn nannte, und einer seiner besten Freunde seit 1912, und Milly Zirker, eine ihm sehr nahestehende Mitarbeiterin in der „Weltbühne".

Am 21. November 1935 durchlief eine kurze Notiz die Weltpresse:

„Der Friedensnobelpreis für das Jahr 1935 wird nicht verteilt."

Tags darauf brachten zwei norwegische Zeitungen einen Artikel des norwegischen Schriftstellers Knut Hamsun, der dem deutschen Faschismus huldigte. Hamsun beklagte sich nicht nur bitter darüber, daß Carl v. Ossietzky für den Nobelpreis vorgeschlagen worden sei, sondern er verhöhnte auch noch den wehrlosen Gefangenen. Doch seine Landsleute traten Hamsun mutig und energisch entgegen. Der junge Schriftsteller Nordahl Grieg antwortete auf Hamsuns erbitterte Angriffe im Osloer „Dagbladet" mit einem Artikel

„Antworte, Ossietzky!“ Dort heißt es zum Schluß: „Er (Hamsun) will Vergessenheit um dich haben. Aber vielleicht wird es eines der Dinge sein, die wir nicht vergessen – die große, mächtige Weltberühmtheit, die fragt, und der Mann in der Gefangenentracht, der nicht antworten kann.“

Ein Mann stellte sich völlig an die Seite Hamsuns. Es war der Reichspropagandaminister Dr. Goebbels, der am 12. März 1936 im Deutschlandsender eine Morddrohung gegen Carl v. Ossietzky ausstieß: „Landesverrat war einmal eine salonfähige Sache, sogar eine Modesache. Und es gibt auch heute noch Leute, die für Landesverräter Preise beantragen. Wir sahen allerdings in einem Landesverräter nur einen Verbrecher... Es ist besser, der Kopf eines Landesverräters fällt noch im Frieden, als daß seinetwegen im Kriege viele hundert Landsleute ihr Leben lassen müssen. Daher: Kopf ab!“

Das Jahr 1935 war vergangen, doch die Weltbewegung, die Carl mit dem Friedensnobelpreis ausgezeichnet sehen wollte, setzte ihren Kampf fort. Sie wuchs an, wie eine Lawine, die nicht mehr aufzuhalten war. Auch 125 schweizerische Parlamentarier und mehr als 60 tschechoslowakische Abgeordnete traten öffentlich dafür ein, daß Carl der Friedensnobelpreis verliehen werde. Auch Frau Dr. Helene Stökker möchte ich hier nennen, den englischen Schriftsteller Bertrand Russell, Prof. Huxley, Albert Einstein und Thomas Mann. Der große Repräsentant der humanistischen deutschen Literatur bezeichnete in einem hochherzigen Appell an die Nobelpreisstiftung die Verleihung des Friedenspreises an Carl v. Ossietzky als „eine große, freie und starke sittliche Tat von unvergleichlicher Leuchtkraft, eine befreiende Tat in mehr als einer Beziehung, die Trost, Stärkung und neuen Glauben an die Kraft des Guten nicht nur in das Herz des einen Mannes gießen würde, dem sie gälte, sondern in Millionen gequälter Herzen, die in der Verwilderung und Verdüsterung dieser Zeit am Guten zu verzweifeln im Begriffe sind –, eine Wohltat in des Wortes vollstem und höchstem Sinn, zu der die Macht zu besitzen als ein großes und nie und nimmer zu versäumendes Glück erachtet werden muß..."

Schließlich weist Thomas Mann darauf hin, daß Carl sich in einer ähnlichen Situation wie der Staatsgefangene Florestan befinde, und schließt: „Wie herrlich, welch eine Erlösung, wenn von irgendeiner hohen Zinne unverhofft das Signal erschölle, das die Ankunft der mit königlicher Autorität ausgestatteten Güte und Gerechtigkeit verkündete. Ein solches Wächterzeichen, meine verehrten Herren, wäre für Millionen verdüsterter und verängstigter Zeitgenossen die Verleihung des Friedensnobelpreises an den deutschen Dichter. Geben Sie ihm, im Namen ihrer aller bitte ich Sie von Herzen darum, geben Sie der Welt dieses Zeichen!"

Waren dies damals auch nur kleine Mosaikstückchen, die sich erst später zu einem gewaltigen Bild der Solidarität zusammensetzten, so blieb doch den Nazis die Wucht und Stärke dieser weltweiten Bewegung nicht verborgen. Sie schäumten. Was immer sie geplant hatten, jetzt war es zu spät, den von ihnen gehaßten Ossietzky auf die übliche Weise ins Jenseits zu befördern. Aber gemach, man würde schon noch einen Weg finden, um sich seiner zu entledigen...

Carl blieb, wie immer, er selbst. War sein Herz auch krank und schwach geworden, zeigte das unaufhörliche Zittern seiner Hände auch, wie geschwächt seine Nervenkraft war, so blieb sein Geist doch stark, wach und ungebrochen.

Nichts ließen die Nazis unversucht, um noch in letzter Minute die Verleihung des Friedensnobelpreises an Carl zu vereiteln. Durch die entstellte Wiedergabe eines Interviews mit Carl im Spätsommer 1936 in der dänischen Zeitung „Berlingske Tidende" wollte man den Eindruck erwecken, Carl sei von seiner Idee abgefallen und habe sich dem nationalsozialistischen System angeschlossen. Es war ein schamloses Manöver. Die Weltmeinung glaubte dem zum Schweigen Verurteilten und nicht seinen Peinigern. Ende Mai 1936 war Carl auf Veranlassung Görings von Esterwegen in das Staatskrankenhaus nach Berlin gebracht worden. Die Olympiade, die im August in Berlin stattfinden sollte, zwang die Nazis zu Konzessionen: der Gefangene im Moorlager, der Kandidat für den Friedensnobelpreis war, paßte schlecht zur Olympiade. Sogar Göring ließ sich herab, beschwörend auf Carl einzureden, er möge auf die Annahme des Friedensnobelpreises verzichten. Carl lehnte dieses Ansinnen ab. Der spätere „Reichsmarschall“ bot ihm die Freiheit und eine Rente von 500 Reichsmark monatlich auf Lebenszeit an. Carl lehnte ab. Welch schlechte Psychologen mußten doch diejenigen sein, die glaubten, einen Friedenskämpfer wie Carl bestechen zu können. Wie sehr mußten sie selbst bestechlich sein, die sich vor Carl demütigten, um ihr Ziel zu erreichen.

Am 7. November wurde Carl aus dem Staatskrankenhaus (Abteilung für Häftlinge) entlassen, aber er blieb weiter der Gefangene der Gestapo, er blieb zum Schweigen verurteilt. In dieser Hinsicht hatte sich nichts geändert.

Am 23. November 1936 wurde Carl mit dem Friedensnobelpreis ausgezeichnet. Die Nachricht erreichte ihn im Westendkrankenhaus in Berlin. Ich habe vor mir das Telegramm liegen, das damals, am 24. November 1936, der Präsident des Nobelkomitees, Fredrik Stang, an Carl abschickte:

„Funk Oslo – Berlin

Herrn Carl von Ossietzky
Krankenhaus Westend
Berlin

Ich habe die Ehre, Ihnen mitzuteilen, daß das norwegische Nobelkomitee Ihnen den Friedenspreis Alfred Nobels für das Jahr 1935 zugeteilt hat. Stop. Der Betrag ist Kronen 159.916.74. Hundertneunundfünfzigtausendneunhundertsechzehn 74/100 Kronen. Stop. Der Friedenspreis für das Jahr 1936 ist dem argentinischen Minister für Auswärtige Angelegenheiten Carlos Saavedra Lamas zugeteilt. Stop. Am Todestage Alfred Nobels, dem 10. Dezember, wird bei einer Festsitzung in Oslo in zwei Reden Übersicht über die Ver-

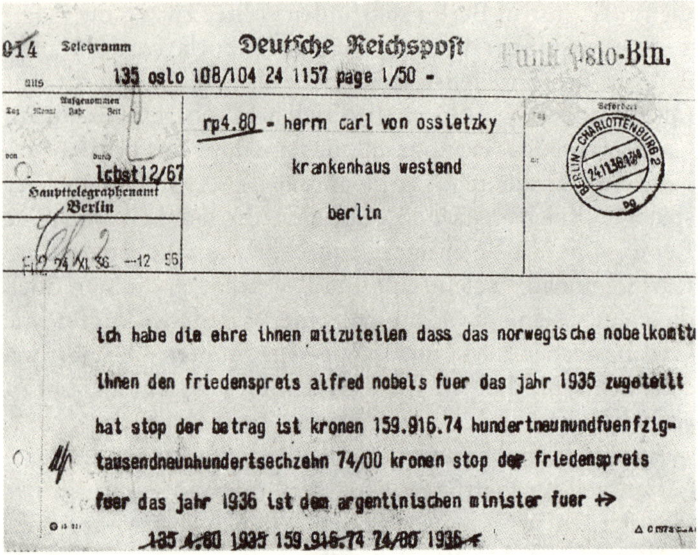

014 Telegramm **Deutsche Reichspost** Funk Oslo-Bln.

135 oslo 108/104 24 1157 page 1/50 -

Aufgenommen Tag Monat Jahr Zeit

von durch lcbst12/67

Hauptelegraphenamt Berlin

24.XI.36 —12 56

rp4.80 - herrn carl von ossietzky

krankenhaus westend

berlin

Befördert

BERLIN-CHARLOTTENBURG 2 24.11.36

ich habe die ehre ihnen mitzuteilen dass das norwegische nobelkomit[ee]

ihnen den friedenspreis alfred nobels fuer das jahr 1935 zugeteilt

hat stop der betrag ist kronen 159.916.74 hundertneunundfuenfzig-

tausendneunhundertsechzehn 74/00 kronen stop der friedenspreis

fuer das jahr 1936 ist dem argentinischen minister fuer +>

135 4.80 1935 159.916.74 74/00 1936 +

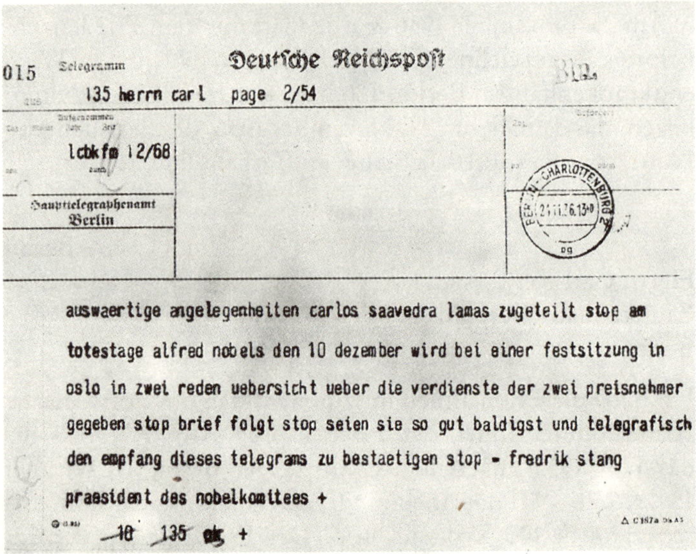

015 Telegramm **Deutsche Reichspost** Bln.

135 herrn carl page 2/54

Aufgenommen Tag Monat Jahr Zeit

lcbkfm 12/68

durch

Haupttelegraphenamt Berlin

Befördert

BERLIN-CHARLOTTENBURG 2 24.11.36.13

auswaertige angelegenheiten carlos saavedra lamas zugeteilt stop am

totestage alfred nobels den 10 dezember wird bei einer festsitzung in

oslo in zwei reden uebersicht ueber die verdienste der zwei preisnehmer

gegeben stop brief folgt stop seien sie so gut baldigst und telegrafisch

den empfang dieses telegrams zu bestaetigen stop - fredrik stang

praesident des nobelkomitees +

10 135 ok +

Das Telegramm aus Oslo erreichte Ossietzky im Westend-Krankenhaus.

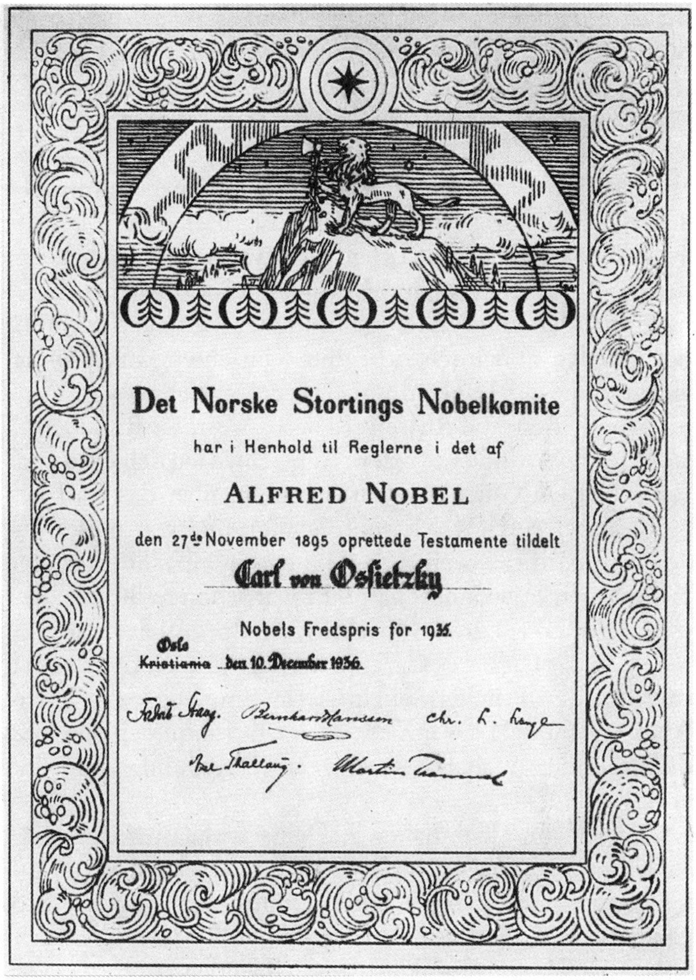
Det Norske Stortings Nobelkomite

har i Henhold til Reglerne i det af

ALFRED NOBEL

den 27de November 1895 oprettede Testamente tildelt

Carl von Ossietzky

Nobels Fredspris for 1935.

Oslo ~~Kristiania~~ den 10. December 1936.

Die Nobelpreis-Urkunde

dienste der zwei Preisnehmer gegeben. Stop. Brief folgt. Stop. Seien Sie so gut, baldigst und telegrafisch den Empfang dieses Telegramms zu bestätigen. Stop. Fredrik Stang, Präsident des Nobelkomitees."

Vor mir liegt auch die Mappe mit Telegrammen und Briefen aus vielen Ländern, aus England, aus Frankreich, aus der Tschechoslowakei, aus Polen, Norwegen, Schweden, aus den USA, aus Belgien, aus Brasilien, aus Österreich, in denen viele Menschen und Organisationen Carl zur Verleihung des Friedensnobelpreises beglückwünschten. Eines dieser Telegramme aus England war u. a. unterzeichnet von Virginia Woolf, Bertrand Russell, Rebecca West, G. P. Gooch, J. B. Priestley, Aldous Huxley. Aus Schweden schickte auch Rosalinde ein Glückwunschtelegramm, über das Carl sich besonders freute. Welch eine Genugtuung war diese Auszeichnung, diese weltweite Sympathie für ihn, für den Kampf, den er gekämpft hatte. Er war schon todkrank, aber es war für ihn ein großes Erlebnis, das ihn zutiefst bewegte.

Die Nazis hatten es Carl nicht erlaubt, nach Oslo zu reisen, um den Friedensnobelpreis in Empfang zu nehmen. Aber was tat es. Er war nicht allein. Er fühlte sich den Friedensfreunden in aller Welt enger noch verbunden als je zuvor.

Wie tief die Machthaber in Deutschland sich durch die Verleihung des Friedensnobelpreises an Carl getroffen fühlten, zeigte auch ein sogenannter „Führererlaß" vom 17. November 1936, der dann am 30. Januar 1937 veröffentlicht wurde: „Um für alle Zukunft beschämenden Vorgängen vorzubeugen, verfüge ich mit dem heutigen Tage die Stiftung eines Deutschen Nationalpreises... Die Annahme des Nobelpreises wird damit für alle Zukunft Deutschen untersagt."

Welch ein armseliger Ersatz war doch dieser nazideutsche „Staatspreis", über den die Welt mitleidig lächelte, welch eine Blöße hatten sich die Nazis damit gegeben.

Die Verleihung des Friedensnobelpreises an Carl hatte die Hitlerregierung nicht zu verhindern vermocht, aber die

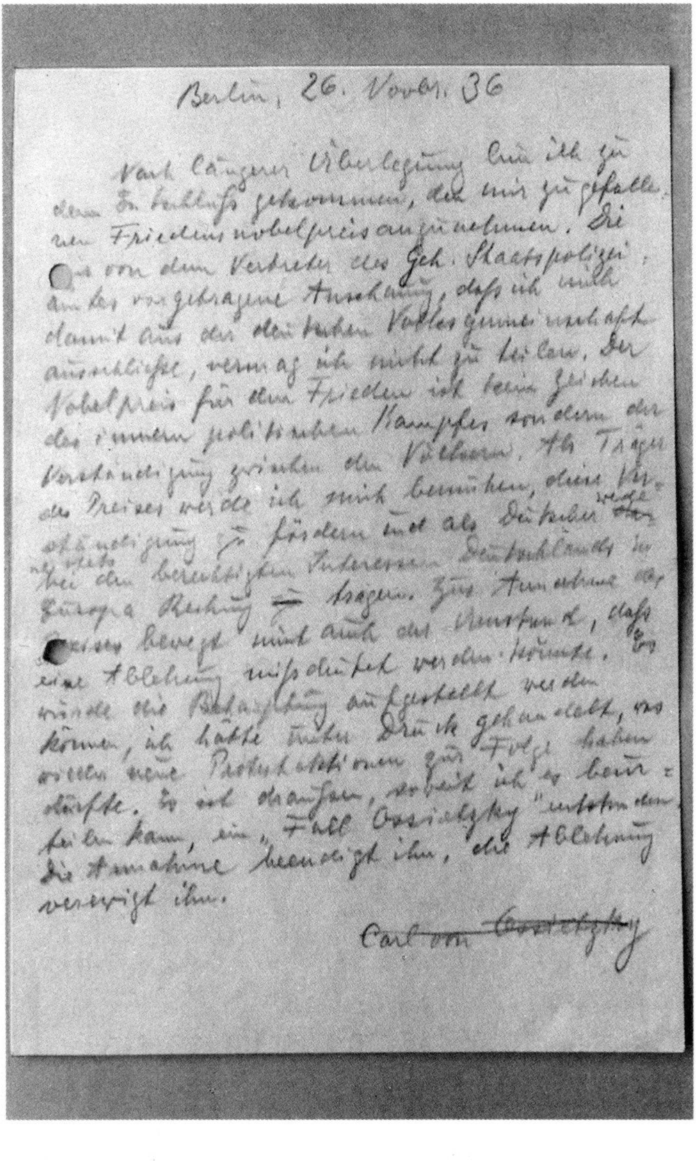

Berlin, 26. Novbr. 36

Nach längerer Überlegung bin ich zu dem Entschluß gekommen, den mir zugefallenen Friedensnobelpreis anzunehmen. Die [illegible] von dem Vertreter der Geh. Staatspolizei an her vorgetragene Anschauung, daß ich mich damit aus der deutschen Volksgemeinschaft ausschließe, vermag ich nicht zu teilen. Der Nobelpreis für den Frieden ist kein Zeichen des inneren politischen Kampfes sondern der Verständigung zwischen den Völkern. Als Träger des Preises werde ich mich bemühen, diese Verständigung zu fördern und als Deutscher werde stets bei den berechtigten Interessen Deutschlands in Europa Rechnung zu tragen. Zur Annahme des Preises bewegt mich auch der Umstand, daß eine Ablehnung mißdeutet werden könnte. Es würde die Behauptung aufgestellt werden können, ich hätte unter Druck gehandelt, was wieder neue Protestaktionen zur Folge haben [illegible], sobald ich es bestreiten dürfte. Es ist daran, [illegible] ein „Fall Ossietzky" [illegible] kam, die Annahme beendigt ihn, die Ablehnung verewigt ihn.

Carl ~~von Ossietzky~~

Entwurf für einen Brief an die Gestapo; Ossietzky begründet die Annahme des Friedensnobelpreises.[21]

Schikanen gegen Carl wurden fortgesetzt. Als der Preis nach Deutschland gelangte, wurde er der Reichsbank zugeleitet. Auf Weisung des Reichssicherheitshauptamtes ergriff dann der Oberfinanzpräsident in Berlin Sicherungsmaßnahmen, damit Carl über das Geld nicht frei verfügen konnte. So wurden z. B. von dem Geld 75 000 Reichsmark für die „Eden-Lichtspiele" in Berlin-Westend frei gemacht, die insgesamt nur einen Wert von noch nicht einmal 40 000 Mark hatten. Beträge von insgesamt 11 000 Reichsmark wurden von dem eingesetzten Verwalter zum Teil ohne Deckung an Privatpersonen weitergegeben. Begünstigt wurden solche Personen, die der Gestapo oder dem Reichssicherheitshauptamt genehm waren. Carl hatte einem Dr. Wannow Generalvollmacht gegeben. Dr. Wannow lohnte diese, einem kranken Menschen abgegaunerte Vollmacht damit, daß er namhafte Summen veruntreute. Machtlos mußten wir dem zusehen. Carl konnte lediglich kleine Beträge abheben, von denen ich etwas Wäsche kaufte, meine Pension bezahlte sowie einige Schulden beglich, die sich bei meiner Übersiedlung zu Carls Stiefvater nach Hamburg ergeben hatten. Auch die Aufenthaltskosten in den Krankenhäusern konnten wir jetzt bestreiten. Vorher hatten Freunde aus dem Ausland diese Unkosten beglichen. Um den größten Teil der Geldsumme wurde Carl jedoch skrupellos gebracht.

Doch noch einmal zurück nach Esterwegen. Zugleich mit den Bemühungen, den Friedensnobelpreis für Carl zu erlangen, war auch die Forderung nach seiner Freilassung immer machtvoller geworden. Wohl oder übel sah sich die Gestapo genötigt, die Entlassung vorzubereiten. Doch sie trug auf ihre Weise Vorsorge, Carl unschädlich zu machen. Carls Schicksal war bereits beschlossen, ehe irgend jemand, ehe er selbst es auch nur ahnte.

Präpariert für den Tod

Eines Tages in Esterwegen geschah es, das Unfaßliche, das Unheimliche. Carl lag gerade im Krankenrevier. Sein Gesundheitszustand war wieder einmal besonders schlecht. Sein geschwächter Körper konnte die schwere Moorarbeit einfach nicht mehr leisten.

„Tuberkulose" ist ein Bericht überschrieben, den ein Mitgefangener Carls, der im Krankenrevier neben ihm lag, gab: er wurde 1949 in der Sondernummer unserer „Weltbühne" zum 60. Geburtstag Carls veröffentlicht. Er schrieb: „Ich habe mit Carl v. Ossietzky drei Monate Bett an Bett in der KZ-Hölle von Esterwegen im Revier gelegen. Von den ersten Einspritzungen, die er auf Anordnung des berüchtigten Kommandanten Loritz erhalten hatte, ahnte und wußte er gar nichts. Er lag sechs Stunden bewußtlos. Ich selbst mußte mich auf Geheiß von Loritz im Bett umdrehen; ich konnte jedoch trotzdem bemerken, wer und wo gespritzt wurde: in den rechten Oberschenkel und in die rechte Brustseite.

Nach acht Tagen fiel C. v. O. ganz zusammen; er hat dann nur ganz wenig gegessen. Die Einspritzungen nahm nicht der Lagerarzt vor, sondern ein Häftling namens Martin Weber, die rechte Hand des Lagerarztes und Speichellecker des Kommandanten Loritz. Zugegen waren: SS-Führer Eicke, SS-Unterscharführer Hiltmann, Sorge, der den Beinamen ‚Der eiserne Gustav' führte, Obersturmführer Aumeier, eine Bestie in Menschengestalt, und der Bunkerkalfaktor, dessen Namen ich nicht weiß."

Nach Stunden tiefer Bewußtlosigkeit wachte Carl auf, von Fieber geschüttelt. Was war mit ihm geschehen? Er fühlte sich sterbenselend, versank wieder in halbe Bewußtlosigkeit, spürte, wie das Fieber ihn schüttelte. Als er wieder zu sich kam, flüsterte man sich bereits zu, was hier geschehen war: man hatte Carl und einigen seiner Kameraden Tuberkelbazillen injiziert.

Konnten Menschen wirklich solch eine teuflische Rache ersinnen? Ja, sie konnten es. Sie waren die Machthaber, und sie mißbrauchten ihre Macht skrupellos. Sie wußten, daß man sich eines Menschen entledigen konnte, ohne ihn hinterrücks eine Kugel durch den Kopf zu jagen oder ihn aufzuknüpfen, und wahrlich, sie hatten ganze Arbeit geleistet... Und alles, was über die Mordmethoden der Nazis später bekannt wurde, spricht für die Wahrheit der Aussage dieses Mithäftlings von Esterwegen.

Inzwischen wurden im geheimen schon die Vorbereitungen zur Entlassung meines schwerkranken Mannes getroffen. Aus den Dokumenten der Gestapo, die sich zum Teil im Archiv der Nobelpreisstiftung in Oslo befinden, kann man ein ziemlich klares Bild gewinnen. Diese Dokumente wurden mir bei meiner Reise nach Skandinavien im Jahre 1947/48 vorgelegt (eine Kopie aller Originale brachte ich nach Deutschland mit, sie wurden in der Sondernummer 1949 veröffentlicht).

Dort befindet sich ein „Untersuchungsbefund über den Schutzhäftling Carl v. Ossietzky" vom 24. März 1936:

„Jetzige Beschwerden: allgemeine Schwäche, Gliederschmerzen, Husten bis zum Erbrechen, Anstgefühle, Appetitlosigkeit, schlechter Stuhlgang, keinen Nachtschweiß. Vater an Lungenentzündung und Mutter an Herzschwäche gestorben.

Befund: Blasse Gesichtsfarbe. Schleimhäute sichtbar mäßig durchblutet. Mundschleimhaut auffallend blaß. ... Über der linken Lungenspitze und unterhalb klingendes Rasseln. An dieser Stelle Schallverkürzung. Herzaktion sehr lebhaft. Geräusche nicht feststellbar. ... Leber etwas vergrößert, übrige Bauchorgane intakt, Reflexe äußerst lebhaft. Sonst kein Befund.

gez. Dr. Jungsbluth."

Am 3. April schreibt die Gestapo an den Reichsführer SS Himmler: „... Ossietzky ist seit einiger Zeit kränklich. Nach Ansicht des Arztes muß eines Tages mit seinem plötzlichen Ableben gerechnet werden.

Angesichts der starken Bestrebungen, Ossietzky aus der Schutzhaft herauszubekommen, um ihn, wie bestimmt anzunehmen ist, als Kronzeugen gegen das nationalsozialistische Deutschland zu verwenden, bitte ich, ihn trotz seines Gesundheitszustandes nicht aus der Schutzhaft zu entlassen...

gez. Eicke, SS-Gruppenführer."

Am 22. Mai 1936 teilt die Preußische Geheime Staatspolizei in der Prinz-Albrecht-Straße in einem langen Brief an den Chef der Gestapo folgendes mit: „... Seit Beginn der Schutzhaft ist von ausländischer Seite wiederholt versucht worden, auf alle erdenkliche Weise die Entlassung des v. Ossietzky zu betreiben. Vor allem interessieren sich für v. Ossietzky pazifistische Kreise des Auslandes und insbesondere die ‚Gesellschaft der Freunde (Quäker)'."

Der Brief befaßt sich dann mit den Vorschlägen aus dem Ausland, Carl den Nobelpreis zu verleihen; weiter heißt es: „Aus diesen Gründen und auf Veranlassung der aus England stammenden Ehefrau wurde v. Ossietzky seit der Inschutzhaftnahme jährlich ärztlich untersucht.

a) Am 4. September 1933 berichtete der Kommandant des Konzentrationslagers Sonnenburg, daß der Gesundheitszustand des v. O. sich in keiner Weise verschlechtert... hatte...

b) ... an gegenwärtigen Krankheiten wurde im August 1934 nichts festgestellt, v. Ossietzky fühlte sich wohl (welch ein Hohn! d. V.) und hat bei der Lagerarbeit bisher keine Beschwerden geäußert... Kräfte- und Ernährungszustand sind gut... An den Organen, insbesondere am Herzen, konnte kein krankhafter Befund festgestellt werden.

c) Im Jahre 1935 fand eine kreisärztliche Untersuchung des v. Ossietzky statt. Die Beauftragung des Kreisarztes ist mit

Rücksicht auf das außerordentliche Interesse des Auslandes an dem Fall erfolgt. Unter dem 24. Juli 1935 wurde nach dem amtsärztlichen Gutachten die Haftfähigkeit des v. O. erneut festgestellt. v. O. befand sich damals in sehr gutem Ernährungszustand (!), hatte jedoch unter zeitweise auftretenden Herzbeschwerden zu leiden...

Die Meldungen, die von einer Verschlimmerung des Gesundheitszustandes des Schutzhäftlings sprechen, werden durch das in Abschrift beiliegende Zeugnis des Kreisarztes Dr. Jungsbluth vom 24. März 1936 durchaus bestätigt. v. Ossietzky liegt bereits mehrere Wochen im Revier. Nach Ansicht des Arztes muß eines Tages mit seinem plötzlichen Ableben gerechnet werden...

Nach bisherigen Erfahrungen würde beim Ableben des v. O. eine wüste Hetze gegen Deutschland einsetzen, die durch geeignete Maßnahmen vermieden werden könnte. Aus diesem Grunde wird vorgeschlagen, daß v. O.

a) entweder aus dem Konzentrationslager Esterwegen in das Lazarett nach Dachau überführt wird oder

b) im KZ Esterwegen verbleibt und dort ein Einzelkrankenzimmer zugewiesen erhält.

Eine Entlassung des v. O. aus der Schutzhaft kann ich z. Z. keinesfalls befürworten."

Am 27. Mai 1936, fünf Tage später, wird im Auftrage Görings dem SS-Gruppenführer Heydrich mitgeteilt, „daß der Herr Generaloberst um sofortige Unterbringung des Schutzhäftlings Carl v. Ossietzky in einem Staatskrankenhaus oder – wenn möglich – in der Charité Berlin ersucht. Dem Schutzhäftling ist gründliche ärztliche Pflege zuteil werden zu lassen, wobei jedoch in jedem Falle sichere Bewachung gewährleistet bleiben muß."

„Gründliche ärztliche Pflege", in einem Augenblick, da es nichts mehr zu retten gibt. Welch ein grausamer Hohn! Welche Scheinheiligkeit! Wie glatt alles klingt, beinahe „fürsorglich". Gründliche ärztliche Pflege... oder verbarg sich dahinter nur ein offizielles Ersuchen nach neuen Injektionen, um Carls Ende zu beschleunigen? Dauerte es ihnen noch zu lange? Ein unbefangener Leser könnte vielleicht an die redliche Absicht einer gründlichen ärztlichen Pflege glauben, wenn nicht zugleich gesagt wäre, daß die sichere Bewachung gewährleistet bleiben muß. Sichere Bewachung für einen todgeweihten Mann! Wie mußten sie Carl doch gefürchtet haben.

Am 29. Mai 1936, nur zwei Tage später, berichtet das Staatskrankenhaus: „Bei dem am 28. Mai 1936 hier eingelieferten Schutzhäftling Carl v. Ossietzky ist eine offene Lungentuberkulose festgestellt." Am nächsten Tage, dem 30. Mai 1936, folgt ein Nachtrag:

„Es handelt sich bei dem Patienten um eine schwere offene Tuberkulose mit massenhaft Tuberkelbazillen im Auswurf, sehr stark beschleunigter Senkung der Erythrozyten usw. Der ganze linke Oberlappen ist ergriffen, auch sind deutliche Kavernen zu erkennen. Unter Berücksichtigung des ganzen Zustandes halte ich den Patienten nicht für haftfähig, da sich die Tuberkulose mit hoher Wahrscheinlichkeit während der Haft dauernd verschlimmern würde."

Ein anderer Schriftwechsel der gleichen Gestapostellen befaßte sich damit, eine Ausreise des hoffnungslos Kranken aus Deutschland zu verhindern. Jeder Brief enthielt den Hinweis, Carl nach wie vor geschickt zu überwachen. Die Gestapo fügt in einem längeren Schreiben an Göring am 8. Dezember 1936 hinzu: „Für den Fall seiner unerlaubten Ausreise habe ich bereits die nötigen Vorarbeiten treffen lassen."

Die Drohung ist deutlich genug. Carl war weiterhin gefangen. Entlassung bedeutete noch nicht Freiheit. Der eben zitierte Brief vom 8. Dezember 1936 enthält noch einen Nachsatz: „Vermerk: Ich habe heute Dr. Best noch mal über die Ansicht des Herrn Ministerpräsidenten orientiert. Ossietzky darf unter keinen Umständen ins Ausland. Er ist ständig unter geschickter Bewachung zu halten, ganz gleich, welchen Wohnsitz er in Deutschland wählen wollte."

Damit war Carls Schicksal endgültig besiegelt...

Nachdem die „Vorarbeiten“ zu Carls Freilassung abgeschlossen waren, erfolgte die offizielle Entlassung. Ich erhielt nach Hamburg, wo ich mich im Hause von Carls Stiefvater aufhielt, die Aufforderung, meinen Mann in Berlin, Prinz-Albrecht-Straße, abzuholen.

Sollte es endlich Wirklichkeit werden – Carl frei? Ich war glücklich, Sorgen und Hoffnungen wechselten jäh ab. Hätte ich schon damals geahnt, was sich im Krankenrevier Esterwegen zugetragen hatte, meine Wiedersehensfreude wäre schmerzlich getrübt gewesen.

Ich fuhr mit Carls Stiefvater zum festgesetzten Termin nach Berlin. Gemeinsam mit Fräulein Hünicke, der bewährten Sekretärin der „Weltbühne“, machten wir uns auf den Weg, Carl abzuholen.

Man hatte Carl vom Staatskrankenhaus in die berüchtigte Prinz-Albrecht-Straße gebracht. Unsere Begrüßung an diesem düsteren, mit schaurigen Erinnerungen beladenen Ort war gehemmt und hastig. Wir alle waren ganz benommen von diesem Wiedersehen. Fast ungläubig sahen wir, wie die letzten Formalitäten erledigt wurden. Konnte nicht im letzten Augenblick noch eine Gegenanordnung kommen, konnte nicht die Entlassung wieder rückgängig gemacht werden? Hastig, wie auf der Flucht vor imaginären Verfolgern, strebten wir nach draußen. Unsere mühsam zurückgedrängte Erregung ließ uns eilen nach frischer Luft, nach einem hellen Himmel, nach der Weite der Großstadt.

Wie mochte diese Stunde auf Carl wirken! Ich dachte es nur, fragte ihn aber nicht. Sein sehr blasses Gesicht verriet die gespannte Aufmerksamkeit eines Mannes, der seiner wiedergewonnenen Freiheit noch nicht recht traut, der noch unsicher ist. Wie oft mochte er sich wohl diesen Tag in Gedanken ausgemalt haben?

Jetzt war die Stunde gekommen, aber es war anders als damals bei der Entlassung aus Tegel, wo die treuen Mitarbeiter der „Weltbühne“ und seine vielen Freunde ihn herzlich begrüßt hatten. Damals war er gesund, wenn auch die Nerven etwas angegriffen waren. Heute hingegen?

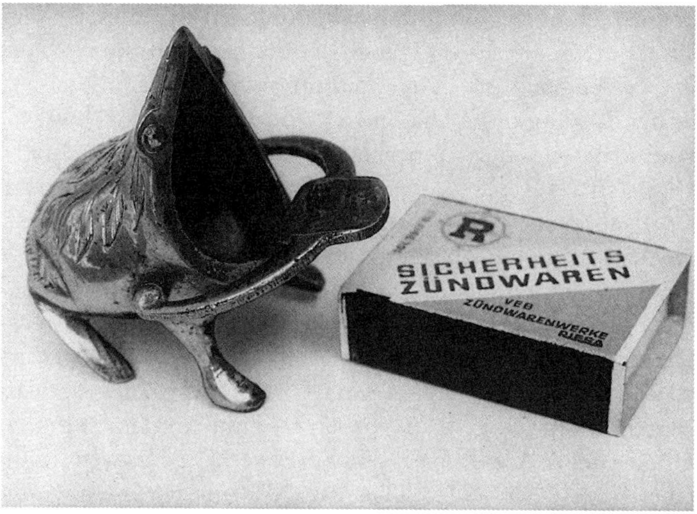

Der „Frosch" – ein Geschenk Mauds an Carl aus den glücklichen Hamburger Jahren[22]

Und dennoch: wenigstens einen Hauch der Freiheit verspürte er wieder. Einen Hauch der Freiheit, die ihm von vielen Tausenden Menschen erkämpft worden war, die sich zu seiner Rettung vereint hatten. So wog diese Stunde schwer in einer harten, unbarmherzigen Zeit, in diesem Hitler-Deutschland...

Er faßte sich, fragte, was nun geschehen solle. Auf dem Wege zur Friedrichstraße sprachen wir darüber, was wir geplant hatten. Mit dem Auto fuhren wir zu einem Privatarzt, der Fräulein Hünicke gut bekannt war. Zuerst einmal wollten wir uns eine gründliche Kenntnis seines Gesundheitszustandes verschaffen, dann müsse man beratschlagen, was weiter zu tun sei. Und so geschah es. Fräulein Hünicke ging mit Carl zum Arzt hinauf, sein Stiefvater und ich warteten in einem Café in der Nähe. Das Auto, das uns gefolgt war, verschwand für einige Zeit aus unserem Blickfeld. Es wurde uns klar, daß die Gestapo uns ständig begleitete. Daran war wohl nichts zu ändern. Man mußte sich damit abfinden.

Der Arzt konnte Carl nur bestätigen, daß er an Tuberkulose erkrankt sei. Er riet ihm, sich möglichst nicht privat niederzulassen, so sehr ein solcher Wunsch verständlich sei. Denn abgesehen von der ständigen Überwachung durch die Gestapo, so sagte er, setze Carl sich der großen Gefahr aus, das Opfer einer spontanen „Tat“ „irregeleiteter“ Personen zu werden, von denen die Gestapo sich dann natürlich distanzieren würde. Er riet Carl deshalb dringend, sich in ein Krankenhaus zu begeben. Dort könne er nicht nur ärztlich besser betreut werden, sondern dort müsse auch die Gestapo, die ihn ständig überwache, die Verantwortung für sein Leben übernehmen und würde sich deshalb wohl hüten, dort Carl etwas „zustoßen“ zu lassen.

Carl sah das ein. Er wußte, daß er seine Ketten nicht abwerfen konnte. So begrub er auch in dieser Stunde schon die lang genährte Hoffnung, in aller Stille, solange er seiner Krankheit noch gute Stunden abringen konnte, an einem schon lange geplanten Werk zu arbeiten: eine Weltgeschichte zu schreiben. Bei seinem Studium von Mommsens „Römischer Geschichte" hatte sich ihm diese Absicht geradezu aufgedrängt. Ihre Verwirklichung sollte sein Lebenswerk krönen. Er wußte, daß er in einem großen Krankenhaus diese Arbeit nicht beginnen konnte.

Carl stimmte dem Vorschlag des Arztes zu. Der Arzt sann einen Augenblick nach und schlug dann das Westendkrankenhaus vor. Gut, also Westendkrankenhaus. Wir brachten ihn dorthin. Der Vater fuhr nach Hamburg zurück, ich suchte mir ein Zimmer in der Budapester Straße. Carl wurde in einem Parterreraum untergebracht, zusammen mit fünf oder sechs anderen Kranken. Dadurch erübrigte sich eine besonders ausgeklügelte Bewachung, an eine Flucht war nicht zu denken. Ich durfte in der üblichen Besuchszeit an Carls Bett sitzen, aber das war herzlich wenig für zwei Menschen, die ein halbes Leben Seite an Seite gegangen waren. Jetzt wurden uns die Minuten zugemessen.

Nach einigen Tagen entdeckte ich an einer Seite des Krankenhauses ein Tor, das die Ärzte und Schwestern benutzten. Darauf baute ich einen kleinen Plan, von dem ich Carl in Kenntnis setzte. Fast jeden Abend, wenn es zu dunkeln begann, schlich ich mich durch dieses Tor und stand zur verabredeten Zeit vor Carls Fenster, um einen Gutenachtgruß mit ihm zu tauschen. Er trat dann ans Fenster, so als ob er einige Atemzüge frische Luft schöpfen wollte, und nickte mir unmerklich zu. Ich grüßte stumm zurück. So standen wir einige Minuten, Blick in Blick, es war jedesmal eine kleine kostbare Zärtlichkeit, mit der ein Tag endete. Wenn Carl vom Fenster zurücktrat, ging ich leisen Schrittes durch das Tor zurück nach Hause.

Einige Wochen waren vergangen, als Fräulein Hünicke einen neuen Vorschlag machte. Sie riet zu einer Übersiedlung in das Nordendkrankenhaus nach Niederschönhausen, Mittelstraße 6–7, einer Tbc-Heilstätte und daher für Carl weitaus günstiger. Auch bestand dort die Möglichkeit, Carl in einem kleinen Einzelzimmer unterzubringen. Aus allen diesen Gründen stimmten wir am 14. Dezember 1936 dem Wechsel zu. Zwar war das Zimmer so gelegen, daß für die Gestapo die Überwachung etwas erschwert wurde, aber es gelang uns, dieses Zimmer für Carl zu erhalten.

Dr. Dosquet bemühte sich, Carls Leiden, das sich ständig verschlimmerte, mit allen nur möglichen Mitteln zu lindern. Eine wirkliche Hilfe gab es nicht mehr. Hier durfte ich auch täglich einen Besuch machen. Carl wurde zusehends schwächer und schwächer und damit auch immer stiller. Er wußte, daß seine Tage gezählt waren, aber er sprach darüber nicht viel. Ich bat den Arzt, mir zu gestatten – natürlich auf eigene Gefahr –, bei Carl ständig zu wohnen. Das war etwa im Februar 1937. Schon vorher hatte man mir zu verstehen gegeben, daß mein Mann nicht mehr lange zu leben hätte. Es war selbstverständlich für mich, sofort zu Carl zu ziehen. So war es mir wenigstens vergönnt, dabeizusein, wie das geliebte Leben leise verlosch, all die kleinen Handreichungen leisten zu dürfen, die es zu tun gab.

Es war eine stille Gemeinschaft zwischen uns in diesem kleinen Zimmer des Nordendkrankenhauses. Carl las häufig, auch viele englische Kriminalromane, oder er ruhte stumm. In unseren wenigen Gesprächen war stets eine helle Mädchengestalt bei uns. Wir hatten ein Kind und doch kein Kind. Allein, unter fremden Menschen, mußte Rosalinde in Schweden aufwachsen. Unerreichbar weit war Stockholm für einen todkranken Vater, den die Geheime Staatspolizei Tag und Nacht wie einen Schwerverbrecher beschattete. Zugleich schrie das Naziregime laut und höhnisch in die Welt hinaus: Er ist frei, Carl v. Ossietzky ist frei!

Abschied von Carl

Es war Dezember geworden. Schneeflocken fielen weiß und dicht vom Himmel herab, häuften sich auf dem Fenstersims. Mein Geburtstag war vorbeigegangen, so still wie die Flokken fielen. Noch wenige Tage, dann war auch Rosalindes Geburtstag; auch sie würde an diesem Tag besonders an ihren Vater denken. Es kam der 21. Dezember 1937. Seit dem frühen Morgen hatten wir uns unablässig bemüht, eine telefonische Verbindung mit Schweden zu bekommen. Endlich gelang es, endlich hatte Carl die große und letzte Freude, die Stimme seines geliebten Kindes zu hören. Es war wie ein Sonnenschein, der eine lange Dunkelheit plötzlich erhellte. Für einige Minuten nur, Carl konnte seinen Geburtstagsglückwunsch sagen, er konnte den Dank seines Kindes hören, die helle Freude über dieses Geschenk spüren. Dann wurde die Verbindung jäh unterbrochen...

Ein junges, schon erwachsenes Mädchen, das mit Herzklopfen in Stockholm an einem Telefonapparat stand und auf die nur leise vernehmbare Stimme aus Deutschland hörte, die Stimme ihres geliebten Vaters. Der Tag war ganz von diesem Glück erfüllt. Ein paar Tage später, beim Läuten der Weihnachtsglocken, waren wir voller Sehnsucht und Trauer, daß wir unser Kind nicht in die Arme schließen durften.

Der Januar 1938 war winterlich und unwirtlich. Dankbar spürte ich die Geborgenheit eines warmen Raumes, so eng er auch war. Eine tiefe Beruhigung erfüllte mich, ich sah, wie wohl es Carl tat, daß ich ständig bei ihm war. Sein Zustand war recht veränderlich, abhängig auch von den verschiedenen Untersuchungen. Manchmal flammte noch eine kleine Hoffnung in ihm auf, daß er doch noch wieder gesund werden könnte.

Zu Beginn der Tuberkulose hatte er an quälenden Hustenanfällen gelitten, die sich bis zum Erbrechen steigerten. Diese Anfälle blieben jetzt aus. Aber wie schnell erwiesen sich alle Hoffnungen, die wir faßten, als trügerisch. Bei allem, was der Arzt für Carl tat, konnte uns doch nicht verborgen bleiben, daß die Krankheit sich immer tiefer in Carls Körper hineinfraß. Auch am Unterleib bildete sich eine offene Wunde, die nicht mehr heilen wollte. Und immer noch blieb Carls Lebenswillen ungebrochen. Mühselig stand er manchmal auf, dann warf ihn die Krankheit wieder für lange hoffnungslose Tage auf sein Lager, wo er wortlos hindämmerte. Ich selbst war in dieser Zeit wie ein Echo Carls, von seiner Hoffnung emporgerissen, von seiner Apathie bedrückt und schweigsam. Vor seinen wissenden Augen konnte eine barmherzige Lüge nicht standhalten. Er sah auch jetzt der Wahrheit ins Gesicht.

So warteten wir auf die tröstliche Helle am Morgen, so warteten wir auf die beschwichtigende Dunkelheit am Ende des Tages... Immer seltener auch konnte Carl in das kleine Stückchen Garten hinausgehen, das vor unserem Zimmer lag. Oft fütterte er die kleinen Spatzen, die sich dort versammelt hatten.

Der Pfleger Meinicke, ein Tierfreund wie Carl, besaß einen kleinen gelben Wellensittich. Er brachte ihn eines Tages, wenige Monate vor Carls Tod, in unser Zimmer und schenkte ihn Carl. Der kleine gelbe Federball war ein vorzüglicher Gesellschafter. Sein drolliges, gescheites Wesen, seine Zutraulichkeit gewannen ihm sofort unsere Herzen. Aber die enge Gemeinschaft mit dem Kranken bekam ihm nicht gut, nur wenige Wochen hatte er uns aufheitern können.

Nachdem die Verfehlungen des Dr. Wannow ruchbar geworden, begann im Februar 1938 der Prozeß gegen den betrügerischen Rechtsanwalt; ein beträchtlicher Teil des von ihm verwalteten Nobelpreises war veruntreut worden. Carl war als Zeuge geladen, eine Geste der Nazijustiz, die dem Hitlerstaat vor dem Ausland den Schein des Rechts geben

Rosalinde in Schweden um 1938/39

sollte. So anstrengend es für Carl war, so nahm er doch seinen Platz auf der Zeugenbank ein. Bezeichnend für ihn ist es, daß er sogar für diesen Mann, der ihn um einen Teil seines Geldes gebracht hatte, das Wort fand: Er tut mir leid.

Ich möchte hier auch noch ein Wort des Dankes für den Pfleger Meinicke sagen. Wann immer er gebraucht wurde, stand er zur Verfügung. Er mühte sich mit all seiner Kraft um das Wohl des Kranken. Er nahm uns kleine Wege und Besorgungen ab, war immer freundlich und hilfsbereit. In der letzten Zeit seines Lebens wog Carl nur noch 72 Pfund, er war schon zu schwach, um sich noch aufzurichten; Meinicke trug Carl wie ein Kind in seinen Armen.

In diese Zeit fiel ein Erlebnis, das für Carl noch eine große Freude war. Eines Tages sahen wir uns zwei fremden jungen Leuten gegenüber; das war um so verwunderlicher, als wir sonst niemals Besuch erhielten. Die engsten Freunde befanden sich im Ausland, wir hörten nichts von ihnen, ein Teil war gestorben, verschollen, ausgelöscht. Andere waren nicht mutig genug, Carl zu besuchen, was bedeutet hätte, daß sie damit automatisch in die Gestapoüberwachung einbezogen worden wären. Wir waren zwei einsame Menschen, die auf nichts mehr als den Tod zu warten hatten. Daher erfüllte uns doppelte Dankbarkeit für den Pfleger Meinicke, der sogar auf seinen Urlaub verzichtete, weil er es nicht über sich brachte, Carl allein zu lassen.

An diesem Frühlingstag 1938, von dem ich eben sprach, waren wir plötzlich mit zwei fremden jungen Menschen allein im Zimmer. Es war eine große Überraschung für uns. Beide stellten sich voll Herzlichkeit als das junge Ehepaar Lie aus Norwegen vor, die auf ihrer Hochzeitsreise nach Deutschland gekommen waren, um Carl zu besuchen. Lie, der selbst in der Friedensbewegung tätig war, erzählte, daß sein Wunsch, Carl kennenzulernen, koste es, was es wolle, immer größer geworden sei. Mit großen Mühen hatte er versucht, unseren Aufenthalt ausfindig zu machen. Er ging zum Westendkrankenhaus, wo man ihm mit Bedauern sagte, daß Ossietzkys Adresse unbekannt sei. Er gab aber nicht auf, er

Ossietzky als Zeuge beim Wannow-Prozeß im Februar 1938

wollte Carl unbedingt finden, und so erbat er sich die Karteikarte zur Einsicht. Darauf stand in einer Ecke, knapp und undeutlich: Nordendkrankenhaus. Herr Lie fuhr mit seiner jungen Frau, ungeachtet der Überwachung durch die Gestapo, sofort nach Niederschönhausen, und so waren sie in unser kleines Krankenzimmer gekommen...

Es konnte alles nicht anders sein, als es war: trotz den Sprachschwierigkeiten baute die gleiche Gesinnung im Verlauf von Minuten eine Brücke zwischen uns. Lie wollte vor allem wissen, ob auch alles für Carl getan würde, ob man ihn nicht vielleicht besser unterbringen könne. Carl erwiderte, daß er gerade dieses kleine Zimmer schätze, das direkt neben dem Ordinationsraum des Arztes gelegen sei, was ihm eine gewisse Beruhigung und Sicherheit gewähre. Zwei Stunden lang unterhielten wir uns angeregt und voller Herzlichkeit. Die Wärme dieser jungen Freundschaft war für Carl ein kostbares Geschenk.

Dann mußten sie uns wieder verlassen. Aber es hatte sich eine Freundschaft angebahnt, die auch die kommenden Jahre überdauerte. Als ich 1947/1948 Rosalinde in Schweden besuchte und von dort auch nach Norwegen fuhr, gab es zwischen Lies und mir ein Wiedersehen. Gemeinsam war unsere Freude, gemeinsam war unsere Trauer, daß Carl diesen Tag nicht auch hatte erleben dürfen.

Mit Beginn des Frühjahrs 1938 verschlechterte sich Carls Gesundheitszustand rapide. Die Märzsonne kräftigte ihn noch einmal, aber nur für kurze Zeit, dann folgte ein April mit vielen kalten Regenschauern. Der gemarterte Körper wurde von Tag zu Tag schwächer und abgezehrter, und doch war jeder Tag wie ein Geschenk. Es war schwer, mitanzusehen, wie ein geliebter Mensch von Stunde zu Stunde mehr verfiel...

Am Abend des 3. Mai 1938 hatten wir uns wie immer eine gute Nacht gewünscht. Carl hatte eine Morphiumspritze bekommen. Ich hatte ihn noch einmal zärtlich gestreichelt und war ebenfalls zu Bett gegangen. Mitten in der Nacht wachte ich verstört auf, ohne einen Grund zu wissen. Ich lauschte in die nächtliche Stille, und da merkte ich, daß Carls Atmung sich verändert hatte. Ich rief den Pfleger, der mich mit ein paar Worten beruhigte, mir eine Schlaftablette gab und sagte, ich möchte nur weiterschlafen, er würde an Carls Bett bleiben. Am Morgen, ich hatte mit wirren Träumen unruhig geschlafen, sagte er mir, daß Carl bewußtlos sei. Der Arzt wurde geholt. Carl rührte sich nicht, nur sein Röcheln war lauter geworden. Es war ein langes qualvolles Warten... Diesen Weg mußte ich Carl ganz allein gehen lassen. Am Vormittag bewegte er sich noch einmal ein wenig, öffnete weit die Augen, reckte sich etwas hoch und fiel dann wieder zusammen, in eine neue Bewußtlosigkeit, aus der es kein Erwachen mehr geben sollte. Am frühen Nachmittag, kurz nach 15 Uhr, es war der 4. Mai 1938, hörte das Röcheln auf, es trat eine tiefe, tiefe Stille ein. Carl v. Ossietzky war seinen Leidensweg zu Ende gegangen.

Auf schmerzliche Weise mußte ich gewahr werden, daß Carl auch über den Tod hinaus noch der Gestapo ausgeliefert blieb. Einige Stunden nach seinem Tode äußerte ich den Wunsch, es möge eine Totenmaske angefertigt werden. Ich dachte an Carls Freunde, an unser Kind, an mich selbst – vielleicht gab es noch einmal eine Zeit, die ein solches Abbild als kostbare Erinnerung aufbewahren würde. Der Arzt versuchte sogleich, einen ihm bekannten Bildhauer für diesen Plan zu gewinnen, denn noch hatte er die Gestapo nicht benachrichtigt. Eile tat not. Noch in der Nacht traf der Bildhauer ein, nahm die Totenmaske ab, es mußte ganz geheim geschehen. Außer dem Arzt wußte niemand davon. Vorsichtig wurden alle Spuren beseitigt. Am frühen Morgen teilte der Arzt der Gestapo Carls Tod mit; die Gestapo begann sofort, ihre Vorkehrungen zu treffen. Sie verbot, daß auch nur ein Wort über Carls Tod gesprochen wurde. Auch durfte der Tag der Einäscherung nicht bekanntgegeben werden.

Eine Totenfeier durfte nicht stattfinden. In der Kapelle des Krematoriums in der Gerichtstraße fanden sich nur der Arzt, dessen Frau, dessen Mutter und ich ein, begleitet von drei Beamten der Gestapo. Es war ein stummer Abschied.

Ein unbekannt gebliebener Bildhauer hat die Totenmaske abgenommen.

Kein Redner sprach, kein Freund rief dem Toten ein Wort des Gedenkens nach, nur eine leise Musik hatte die Gestapo erlaubt. Unter den Klängen von „Aases Tod“ versank der Sarg.

Am Tage der Beisetzung war die Totenmaske fertig. Als ich vom Friedhof zurückkam und in das Zimmer trat, das mir Dr. Dosquet in seiner beim Krankenhaus gelegenen Villa für einige Wochen zur Verfügung gestellt hatte, fiel mein erster Blick auf die weiße Totenmaske Carls. Mir war so, als ob er doch nicht ganz aus meinem Leben fortgegangen sei.

In der von den Nazis kontrollierten Presse erschien nur eine kleine Notiz, daß „der Landesverräter“ Carl v. Ossietzky verstorben sei. Obwohl ich außer Rosalinde niemand den Tod Carls mitteilen durfte, erfuhren unsere jungen Freunde, das Ehepaar Lie in Norwegen, durch die Zeitungsnotiz davon. Sie übersandten durch einen Boten als letzten Gruß herrliche Orchideen, mit denen ich einige Tage später bei der Urnenbeisetzung, die auch ganz geheim bleiben mußte, die letzte Ruhestätte schmückte. Als ich tags darauf wieder zum Friedhof ging, das war lange Zeit mein täglicher, mir liebgewordener Weg, waren die herrlichen Blumen verschwunden. Das kahle Plätzchen mußte, laut Verfügung der Gestapo, bis 1945 eine namenlose Stätte bleiben. Selbst eine Blume aus Freundeshand war nicht erlaubt. Über den Tod hinaus dauerte der Haß der Herren des „Tausendjährigen Reiches“ auf einen Menschen, der sich ihnen nie gebeugt hatte.

Wiedersehen mit der „Weltbühne"

Am 15. Mai 1938 wurde die Urne auf dem Friedhof an der Buchholzer Straße beigesetzt. Kein letztes Wort durfte auch hier für Carl gesprochen werden. Die Gestapobeamten standen neben mir, als die Urne an einer Mauer in die Erde gesenkt wurde. Keine Tafel auch durfte die Stelle kennzeichnen, es war der Wille der Gestapo, daß der Name Ossietzky für immer ausgelöscht sein sollte. Mir wurde verboten, den Namen weiterzuführen, ich mußte wieder meinen Mädchennamen annehmen. Mit solchen Schikanen versuchten sie, die den lebenden Ossietzky nicht hatten besiegen können, den toten Ossietzky zu besiegen.

Drei Wochen noch blieb ich im Sanatorium Nordend wohnen. Mit dem Tode Carls schien auch mich alle Lebenskraft zu verlassen, ich erlitt einen Nervenzusammenbruch. Dem leitenden Arzt gelang es, mir einen Aufenthalt in einem Nervensanatorium zu verschaffen; er meinte, daß nur die Ruhe, die ich dort hätte, mir helfen könnte. Das hatte auch den Vorzug, daß ich als Kranke geführt wurde und mich nicht jede Woche zweimal bei der Polizei melden mußte. Es war mir in diesen Wochen schon zur Qual geworden, daß ich mich ständig hatte melden müssen. Unter dem Druck der jahrelangen Gestapoaufsicht, nach Kenntnis all dessen, was die Nazis Carl angetan hatten, war ich nicht mehr fähig, mich vor diesen Mördern in Uniform zu beherrschen. So war der Aufenthalt in dem Sanatorium wohl auch im Hinblick auf meine Sicherheit die beste Lösung. Zu den wenigen Habseligkeiten, die mir verblieben waren, gehörte auch ein Koffer mit Büchern, darunter zwei, die mir sehr wertvoll waren. Carl hatte sie mir im Jahre 1912 geschenkt: ein Band Dickens und ein Band Heine.

Die Weltbühne

Zeitschrift für Politik · Kunst · Wirtschaft

zuletzt geleitet von

Carl v. Ossietzky

Neu herausgegeben von

Maud v. Ossietzky

INHALT

NUMMER 1 · JUNI 1946 · PREIS 1 RM

v. Ossietzky-Verlag

Berlin - Pankow, Eschengraben 39

Am 4. Juni 1946 ist „Die Weltbühne" wieder da, Auflage 82 000.

Nach vier Monaten im Sanatorium fühlte ich mich so weit gekräftigt, daß ich es verlassen konnte. Noch war etwas Geld vom Nobelpreis vorhanden, ich versuchte, mich irgendwie durchzuschlagen. In Friedenau, in der Deidesheimer Straße, fand ich ein möbliertes Zimmer. Ich wollte wieder Sprachunterricht erteilen, aber es wurde mir verboten. Kontakt hatte ich damals nur mit der ehemaligen Sekretärin der „Weltbühne", das war die einzige Verbindung mit Menschen aus unserem früheren Lebenskreis. Viele waren emigriert, andere waren verhaftet oder in den Lagern und Gefängnissen umgebracht worden. Allein und sehr verzweifelt irrte ich umher. Zuflucht fand ich immer nur für kurze Zeit: sobald man herausgefunden hatte, daß ich die Witwe des von den Nazis verfolgten Ossietzky war, mied man mich und suchte Gründe, mich wieder loszuwerden. So zog ich von der Deidesheimer Straße in Berlin-Friedenau in ein noch unfreundlicheres Zimmer in der Lychener Straße im Berliner Norden, wo ich das erste Weihnachtsfest allein verbrachte. Auch von dort mußte ich wieder weiter, erst in die Berliner Straße, dann in die Lunder Straße, dann in die Trelleborger Straße in Berlin-Pankow. Die Wirtinnen machten Schwierigkeiten, sobald der Name Ossietzky auch nur genannt wurde: niemand wollte etwas damit zu tun haben, denn natürlich tauchte stets die „fürsorgliche" Gestapo auf, um sich nach mir zu erkundigen. Ich war fast am Ende meiner Kraft, da fand ich Unterschlupf in der Schonenschen Straße bei einer schlichten, echten Berlinerin, die Herz und Mut hatte, mich aufzunehmen.

In einer kleinen Gastwirtschaft, wo ich immer Mittag aß, traf ich Anfang des Jahres 1939 Hans Leonard. Er, selber ein Verfolgter des Naziregimes, wußte, wie mir zumute war; mit ihm konnte ich sprechen. Es stellte sich heraus, daß er schon früher einmal der „Weltbühne" verbunden war: Jacobsohn und Leonards Vater waren Studienfreunde gewesen, und ein paar Wochen hatte S. J. Hans Leonard im Lektorat beschäftigt respektive geprüft, um ihn bei der Berufswahl zu beraten. Wie gut, daß ich Leonard begegnet bin: er sprach mir Mut zu, obwohl er sich selbst in einer miserablen Situation befand. In dieser Zeit gelang es mir auch, „illegal" wieder Sprachunterricht zu erteilen.

Was Rosalinde betraf, so wußte ich, daß es ihr in Schweden gut ging. Zu Ostern 1940 hatte sie sich mit einem Lehrer der Schule in Viggbyholm bei Stockholm verlobt. Im Oktober 1943 wurde ihr Sohn Carl-Ebbe geboren.

Als die Rote Armee Berlin befreite und die ersten deutschen Verwaltungsstellen ihre Tätigkeit aufnahmen, bemühte auch ich mich um Arbeit. Aus einer Reihe „Arbeitsuchender" holte mich Hans Leonard, der in einer Verwaltungsstelle tätig war, heraus und sagte mir, hier gehörte ich nicht her. In meiner Aufregung hatte ich nämlich übersehen, daß ich zwischen die Nazis geraten war, die sich zum Arbeitseinsatz melden mußten. Hans Leonard brachte mich mit der Betreuungsstelle für die Opfer des Faschismus in Verbindung.

Auf dem Friedhof in der Buchholzer Straße in Niederschönhausen wurde nun in einer Feierstunde am Grabe des „Unbekannten" eine Gedenktafel angebracht.

Es war für mich eine tiefe Genugtuung. Carl hatte recht behalten; seine „linken Verbündeten" hatten gesiegt. Sie ehrten ihn, der für diesen Sieg auch sein Leben eingesetzt hatte.

Mit der Befreiung Berlins hatte auch der Name Ossietzky wieder Klang und Gewicht in Deutschland. Der Name des ehemals verfemten „Landesverräters" erschien plötzlich vielen höchst nützlich, die sich ein antifaschistisches Alibi verschaffen wollten. Merkwürdige Menschen tauchten da bei mir auf; plötzlich wußten viele, wer ich war und wo ich wohnte. Einer behauptete sogar, mit Carl im KZ zusammengewesen zu sein, und er fühle sich verpflichtet, sich um mich zu kümmern. Er versprach mir alles mögliche. Ich war dankbar, daß man sich um mich sorgte; wie konnte ich gleich erkennen, daß hier nur jemand an meinem Namen interessiert war, mit dem er sich alle möglichen Vorteile zu verschaffen suchte. Als mir das Verhalten des Mannes zu undurchsichtig wurde, als ich erfuhr, daß er niemals im KZ gewesen war,

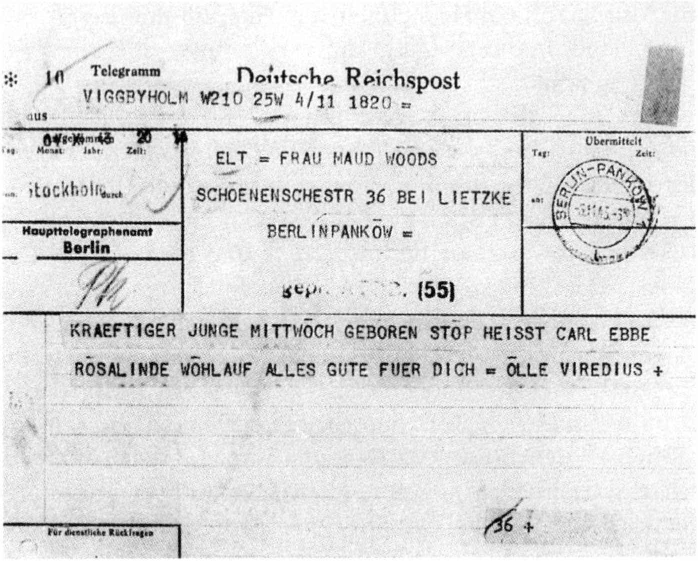

10 Telegramm Deutsche Reichspost

VIGGBYHOLM W210 25W 4/11 1820 =

aus Stockholm

Haupttelegraphenamt Berlin

ELT = FRAU MAUD WOODS
SCHOENENSCHESTR 36 BEI LIETZKE
BERLINPANKOW =

(55)

Übermittelt

KRAEFTIGER JUNGE MITTWOCH GEBOREN STOP HEISST CARL EBBE
ROSALINDE WOHLAUF ALLES GUTE FUER DICH = OLLE VIREDIUS +

36 +

Für dienstliche Rückfragen

Telegramm aus Stockholm im Oktober 1943 an Maud Woods. Seit Carls Tod mußte Maud wieder ihren Mädchennamen führen.

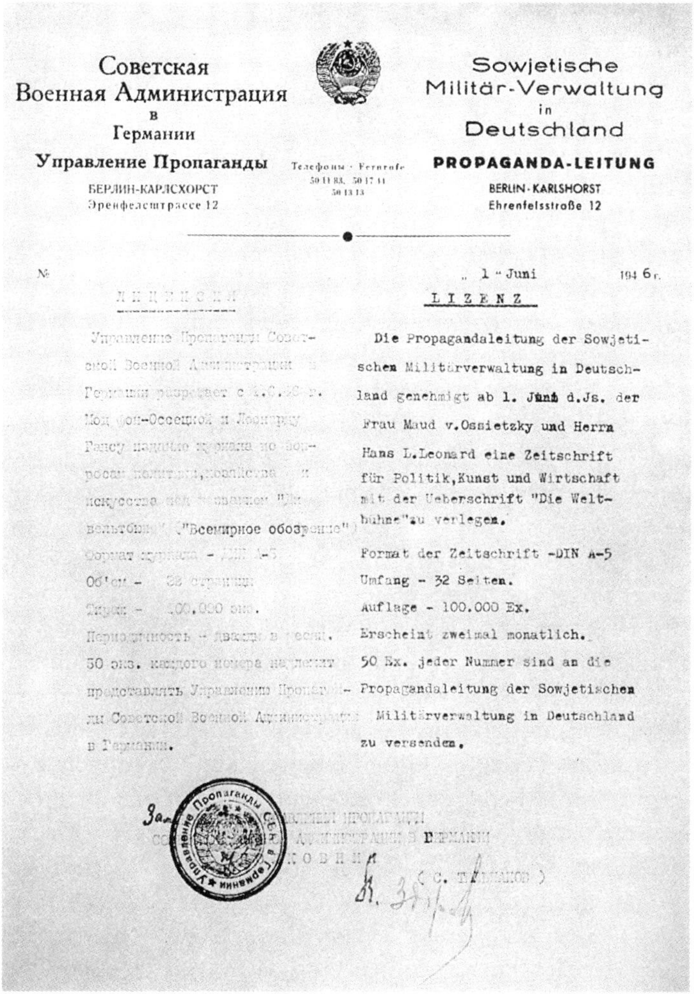

Советская
Военная Администрация
в
Германии
Управление Пропаганды
БЕРЛИН-КАРЛСХОРСТ
Эренфелсштрассе 12

Телефоны · Fernrufe
50 11 83, 50 17 41
50 13 13

Sowjetische
Militär-Verwaltung
in
Deutschland
PROPAGANDA-LEITUNG
BERLIN-KARLSHORST
Ehrenfelsstraße 12

№ „ 1 “ Juni 194 6 г.

ЛИЦЕНЗИЯ

Управление Пропаганды Советской Военной Администрации в Германии разрешает с 1.6.46 г. Мод фон-Осецкой и Леонарду Гансу издание журнала по вопросам политики, хозяйства и искусства под названием "Ди вельтбюне" ("Всемирное обозрение")
Формат журнала – ДИН А-5
Об'ем – 32 страницы
Тираж – 100.000 экз.
Периодичность – дважды в месяц.
50 экз. каждого номера надлежит представлять Управлению Пропаганды Советской Военной Администрации в Германии.

LIZENZ

Die Propagandaleitung der Sowjetischen Militärverwaltung in Deutschland genehmigt ab 1. Juni d.Js. der Frau Maud v.Ossietzky und Herrn Hans L.Leonard eine Zeitschrift für Politik,Kunst und Wirtschaft mit der Ueberschrift "Die Weltbühne"zu verlegen.

Format der Zeitschrift -DIN A-5
Umfang - 32 Seiten.
Auflage - 100.000 Ex.
Erscheint zweimal monatlich.
50 Ex. jeder Nummer sind an die Propagandaleitung der Sowjetischen Militärverwaltung in Deutschland zu versenden.

Die sowjetische Lizenzurkunde zur Herausgabe der „Weltbühne“ für Maud v. Ossietzky und Hans Leonard vom 1. Juni 1946 wandte ich mich an Hans Leonard, der mir diesen Betrüger entlarven half.

Mit Hans Leonard besprach ich auch die Möglichkeit, „Die Weltbühne“ wieder erscheinen zu lassen, um Carls Arbeit fortzusetzen. Er weigerte sich zunächst; ich mußte ihm tüchtig zureden, zu ihm hatte ich Vertrauen. Und dann war auch Erich Weinert wieder da, aus Moskau zurückgekehrt, durch Hans Leonard lernte ich ihn später auch persönlich kennen. Ich war fest davon überzeugt, daß es mir mit diesen beiden bewährten Freunden gelingen müßte, „Die Weltbühne“ wieder neu herauszubringen.

Im britischen Sektor, am Lützowufer, mietete ich bescheidene Büroräume und bemühte mich, da ich gebürtige Engländerin war, bei der britischen Militärregierung um eine Lizenz; ich erhielt sie im Dezember 1945. Dann warteten wir auf das versprochene Papierkontingent. Als wir im Mai 1946 immer noch weiter vertröstet und angewiesen wurden, uns deswegen an die Amerikaner zu wenden, erkannten Leonard, Weinert und ich, was das bedeuten sollte. Später verlangte man plötzlich von mir, den Namen der „Weltbühne“ zu verfälschen. Es wurde deutlich, daß die Zeitschrift im antikommunistischen Fahrwasser segeln sollte: Hans Leonard, den ich zum Verlagsleiter und Chefredakteur berufen hatte, wurde von der britischen Kontrollkommission aufgefordert, die in einer von den Amerikanern kontrollierten Druckerei herzustellende „Weltbühne“ im Gebäude des sozialdemokratischen „Telegraf“ zur Vorzensur vorzulegen. Meine Freunde, Leonard und Weinert, und ich wünschten aber, Carls Vermächtnis zu erfüllen, und das war für uns sein Bekenntnis: „Heute jedoch sollen wir wissen, daß links von uns nur noch Verbündete stehen.“

Von Carl wußte ich auch, wie diese Verbündeten, die kommunistischen und sozialistischen Arbeiter, zu ihm gehalten hatten, als er durch die Marterhöllen der Konzentrationslager gegangen war. Ich wollte, daß daraus im Sinne Carls die Konsequenz gezogen wurde. Ich wußte, daß aus dem linksbürgerlichen Demokraten Ossietzky ein Verbündeter der

Die Herausgeber Maud v. Ossietzky und Hans Leonard 1948 in der Redaktion, Berlin W 8, Mohrenstraße 36–37

Arbeiterklasse, ein Kampfgefährte, geworden war; der „Umschmelzungsprozeß“, wie Carl seine politische Entwicklung nannte, hatte nicht am Stacheldrahtverhau von Sonnenburg und Esterwegen aufgehört. Dieses Vermächtnis Carls wünschte ich zu erfüllen.

So gab ich am 4. Juni 1946 meine britische Lizenz zurück. Am gleichen Tage erschien, ohne jede Lizenz, die erste Nummer der wiedererstandenen „Weltbühne“. Diese Eigenmächtigkeit hatte noch ein kleines Nachspiel im Kontrollrat. Meine Landsleute, die Engländer, waren etwas verstimmt darüber, daß wir über den Inhalt der „Weltbühne“ eine eigene Meinung hatten, die wir nicht zu ändern wünschten.

Später erhielt ich dann – auf meinen Wunsch hin gemeinsam mit Hans Leonard – eine sowjetische Lizenz. „Die Weltbühne“ erschien jetzt wieder, mein Leben hatte wieder einen Sinn bekommen. Heute weiß ich, daß ich mich damals richtig entschieden hatte.

Ursula Madrasch-Groschopp
Gespräch mit Rosalinde v. Ossietzky-Palm

Unsere kleine Nachrede möchte ich mit einem Satz von Hermann Hesse beginnen: „... ich bewahre die Bilder, vergesse aber die Zeiten, das heißt die Daten und ihre Reihenfolge ...“ Und um Bilder aus dem Leben deiner Eltern geht es ja in Mauds Buch: Momentaufnahmen, wie Maud sie aus der Entfernung der Jahre sah – oder sehen wollte.

„Maud v. Ossietzky erzählt“ ist 1966 erschienen. Anlaß der Wiederauflage ist der 100. Geburtstag Ossietzkys am 3. Oktober 1989. Über zwanzig Jahre sind vergangen, neue Leser sind herangewachsen, damals unbekannte Dokumente sind zutage gefördert. Junge Wissenschaftler kommen zu dir nach Stockholm, um den Nachlaß deiner Eltern auseinanderzunehmen; sie vergleichen Fakten und Zahlen mit den publizierten Ossietzky-Büchern. Und schon stolpern sie über den ersten Satz dieses Büchleins: „In Haidarabad wurde ich am 11. Dezember 1888 geboren.“ Beim Wiederlesen habe ich auch einen Moment gestutzt: Ich erinnerte mich an Mauds Geburtstag 1968. Als ich ihr zum achtzigsten gratulierte, flüsterte sie mir ins Ohr: „Es ist gar nicht mein achtzigster ...“ Dabei lächelte sie verschmitzt, aber das echte Datum hat sie nicht preisgegeben.

Meine Mutter hätte eine Neuauflage ihres kleinen Buches sehr erfreut. Ich glaube auch, sie hätte gegen eine nuancierende, ein wenig erklärende Nachschrift im Prinzip nichts einzuwenden. Sie war, wie mein Vater, ein sehr aufrechter und aufgeschlossener Mensch – mit englischem Humor.

Die Sache mit dem Geburtsdatum – das wußte ich schon, bevor ich den Nachlaß übernahm. Trotzdem bleibt die Sache ein bißchen dunkel, es gibt keine Geburtsurkunde. Auf ihrem Taufschein findet sich eine kleine Notiz, mit Bleistift geschrieben, an der Kante unten: geboren 1884. Ich weiß, daß sie ihr Geburtsdatum selber geändert hat, da sie fünf Jahre älter war als Carl – so steht es jedenfalls auf der englischen Heiratsurkunde. Es war nicht comme il faut damals für eine Frau, älter als ihr Mann zu sein. Außerdem war Maud eine große Bewunderin von Oscar Wilde, dessen sehr originelle Mutter sich fünf Jahre jünger machte.

Es gibt gar nicht wenige Menschen, die mit ihrem Geburtsdatum jonglieren. Tucholsky hat 1925 Alfred Polgar zum fünfzigsten in der „Weltbühne" gratuliert – aber es war gar nicht sein fünfzigster. Polgar quittierte den Jubel: „Ich kann nichts für den Irrtum, doch hab ich ihm allerdings auch nicht widersprochen; denn man soll die Feste nicht nur feiern, wie sie fallen, sondern sie auch fallen lassen, wie sie gefeiert werden..." Und er hat den Irrtum nie korrigiert. So ist Polgar erst postum zwei Jahre älter geworden. Da hatten zahlensüchtige Literaturforscher seine Geburtsurkunde ans Licht gezerrt. Und so wird es nun auch Maud gehen. Die charmante Annette Kolb hat ihr Geburtsdatum auch verjüngt und noch als Neunzigjährige energisch darauf bestanden, mit Fräulein Kolb angesprochen zu werden. Schließen wir das Kapitel mit Oscar Wilde, den Maud ja sehr gemocht hat. In einer seiner Komödien heißt es: „Man soll nie einer Frau trauen, die einem ihr wirkliches Alter verrät."

Nun zu etwas ganz anderem:
Gefällt dir der veränderte Bildteil des Buches?

Es wird dadurch aufgehellt, da es jetzt mehr Bilder und Dokumente mit familiärem Charakter zu sehen gibt, ein paar Fotos mehr von Maud. Das gefällt mir, ich finde das gut. Es ist schließlich ihr Buch.

Ich glaube, daß Maud sich damals zu sehr in den Hintergrund stellte, um Carl in den Vordergrund zu rücken und deshalb verhältnismäßig wenig Fotos dieser Art zur Verfügung gestellt hat.

Das ist möglich. Erstens bewunderte sie meinen Vater sehr; sie fand, daß er mit seinem Leben viel Wichtiges ausgerichtet hatte und daß er als Mensch einen wunderbaren Charakter besaß. Zweitens sah sie es als ihre Aufgabe an, ihn in den Vordergrund zu stellen, weil er ja sehr zurückhaltend war... Man findet in seinen Artikeln doch kaum etwas über seine Person. In der Ossietzky-Ausgabe von Bruno Frei sind nur drei Artikel aufgeführt, in denen man Sätze meines Vaters über sich findet. Und doch lernt man in allem, was er geschrieben, seine Persönlichkeit kennen. Er war – abgesehen von seinen großen Kenntnissen – ein sehr kreativer, temperamentvoller und einfühlsamer Mensch.

Ich habe nochmals in Mauds ersten handschriftlichen Notizen geblättert. Schon darin beschreibt sie sehr ausführlich, sehr bildhaft ihre Kindheit in Haidarabad, auch die Schuljahre in England sind noch wohlgeordnet, dann geraten ein paar Daten ein bißchen durcheinander. Ähnliches kann man bei vielen Memoiren feststellen. Das berühmte Langzeitgedächtnis hält alle bildhaft-anschaulichen Ereignisse fest, am stärksten die aus der Kindheit und Jugend; während die mehr abstrakten Dinge, Jahre, Tage, Namen sich verwischen. Ein Beispiel: Maud erinnert sich an das erste Gespräch Carls mit Siegfried Jacobsohn; sie fuhren beide bis zum S-Bahnhof Witzleben, erzählt sie, und sie habe vor einem Wohnhaus, unter einem Baum stehend, auf Carls Rückkehr gewartet. Erwartungssituation und Ortsbeschreibung stimmen genau, die Jahreszahl nicht.

Wenn man sich Mauds unruhiges Leben vorstellt, ist das doch ganz natürlich. Das ist ja auch hier nicht so wichtig. Mir fallen aber sofort Städte ein, die Stationen in ihrem Leben waren: Haidarabad, London, Paris, Hamburg, das Berlin der Weimarer Republik und das Berlin der Nazizeit und dann Berlin, Hauptstadt der DDR. Da fand Maud, ein suchender Europäer, endlich wieder Geborgenheit; es war für sie, nachdem man die gemeinsame Wohnung 1933 nach Hitlers Machtübernahme verlassen mußte, die erste richtige Heimat.

Maud wollte ja auch keine minuziös belegte Zeittafel aufstellen, sondern hat aus ihrem Leben erzählt. Ich betone das Wort „erzählt". Sie hat sich nicht gescheut, bis an die Grenze von Überschwenglichkeit zu gehen, um ihre große Liebe zu Carl in Worte zu fassen. Und sie hat mit sehr persönlichen Dokumenten auch die Schwierigkeiten in ihrer Ehe nicht ausgespart. In dieser Mischung von Erzählen und Zitieren liegt – finde ich – der Reiz des Buches.

Es war doch eine originelle Idee von Maud, auch ein Erinnerungsbuch anzulegen.

Ja, meine Eltern führten unter sich ein Erinnerungsbuch. Das sah ich in meiner ganzen Kindheit; manchmal war es auch verschwunden, dann hielt meine Mutter es verborgen. Es war kein Buch, das ich lesen sollte. Aber es hatte eine sehr große Bedeutung für Maud und Carl; ich glaube, vor allem, wenn sie sich voneinander entfernt hatten – geschrieben haben sie sich immer. Das Eigenartige aber ist, daß von meiner Mutter in diesem Buch nichts existiert. Sie fand kein Wort über ihre Alkoholprobleme. Sie wollte wohl nicht über diese großen Probleme in unserm Alltagsleben schreiben. Wie alle Menschen, die an dieser Krankheit leiden, befand sie sich in einem ständigen Kampf und litt an schweren Schuldgefühlen. Außer bei meinem Vater, der ja immer bereit war, ihr zu helfen, fand sie wenig Verständnis. Vor allem nicht bei einer gelegentlichen Mitarbeiterin der damaligen „Weltbühne", bei Hilde Walter; sie hat Maud diskreditiert, indem sie ein falsches Bild meiner Mutter und ihrer eigenen Rolle in meiner Familie in der Öffentlichkeit verbreitete. Sie verurteilte meine Mutter zu Unrecht, ohne jedes Verständnis und fernab von psychologischen Einsichten. Du wirst bestimmt verstehen, daß ich diese Erklärung abgeben will, damit man eine Frau wie Maud, die trotz allem eine sehr starke Persönlichkeit war, besser verstehen kann.

Ich habe dieses Buch erst gelesen, als ich den Nachlaß meiner Mutter übernahm. Es hat auf mich einen großen Eindruck gemacht, daß zwei Menschen, die miteinander leben, einander schreiben. Es gab mir die Gewißheit, daß meine Eltern auf diese Art auch in den schwierigsten Zeiten Kontakt miteinander hielten. Es ist ein kleines hellbraunes Buch mit einem Blumenkranz darauf, wie eine Illustration zu einem Shakespeare-Sonett.

Maud zitiert aus diesem Erinnerungsbuch; mich hat die Eintragung vom 22. Juni 1916 beeindruckt. Carl hatte gerade seinen Einberufungsbefehl erhalten, wie wir jetzt aus seiner Hamburger Personalakte wissen. Diese Akte hat Maud nie gesehen. Ein paar Sätze aus dem Erinnerungsbuch seien hier wiederholt, weil sie mir aufschlußreich erscheinen zum Verständnis für beide: „Letzten Endes bist Du selbst die Geburtshelferin der neuen Periode geworden. Deinem Kopf entsprang die Idee zu den Vorträgen des letzten Winters, Du bist die Anregerin gewesen und bis zu einem gewissen Punkte auch die Triebkraft gewesen... zuerst mußte ich geschoben werden, gestützt werden, bis ich plötzlich auf eigenen Füßen stand. Da kam der Augenblick, in dem ich mein Treiben während der letzten Jahre wie müßige Spielerei, wie haltlose Träumerei, wie ein Jagen hinter Seifenblasen empfinden mußte. Da löste sich los, was in mir festgelegen hatte, und an die Stelle des Träumens trat die Leistung. Und Du bist der Magnet, der zuerst an das starre Eisen gerührt hatte..."

Dieses Zitat von 1916 sagt das Wesentliche aus über die Rolle, die Maud in Carls Leben hatte, wie sie seine Entwicklung beeinflußte. Bis sie sich kennenlernten, ist doch ihr Leben auf grundverschiedenen Ebenen verlaufen. Sie war ein weltgewandter Mensch mit einer sehr guten College-Ausbildung. Sie wußte, wie man sich in allen gesellschaftlichen Situationen verhält. Mein Vater war ein zurückhaltender Mensch und nicht gewohnt, in Salons aufzutreten und bestimmt auch nicht übertrieben daran interessiert. Aber der Kontakt mit Maud hat sein Selbstbewußtsein entwickelt, das wichtig für ihn war. Ich hörte oft in meiner Kindheit, wie stolz Maud darüber war, Carls Selbstvertrauen gestärkt zu haben. Sie war eine große Helferin; hinzu kam, daß sie elegant, apart, charmant und hübsch war. Für einen Mann ist es doch was ganz Besonderes, einer solchen Frau zu begegnen; und für Maud war er genauso wichtig: sie litt oft an großen Angstzuständen und hatte ein großes Bedürfnis nach Wärme und Liebe. Welche Probleme auch später zwischen den beiden auftauchten, Carl hat nie vergessen, welchen Halt ihm Maud am Anfang ihres gemeinsamen Lebens gegeben hat.

Ich bewundere meine Mutter. Wenigen Frauen ihrer Generation und Herkunft ist es doch gelungen, ihre Persönlichkeit zu entwickeln und durchzusetzen. Von Indien kommend, plötzlich elternlos, in London von einer Tante in viktorianischen Konventionen erzogen: denn Tante Mary wollte sie ja nur reich verheiraten und glaubte, damit ihre Pflicht erfüllt zu haben. Mit diesen typisch weiblichen Traditionen hat Maud gebrochen. Sie wollte selbständig sein und hatte Berufspläne wie Schauspielerin, Krankenschwester und machte dann später ein Sprachlehrerinnenexamen. Sie sehnte sich zurück nach Indien und wollte dort als Hebamme arbeiten.

Sie fand den Weg zu Emmeline Pankhurst. Ich kann es mir gut vorstellen, wie die kleine zierliche Maud, auf einer Seifenkiste im Hyde-Park stehend, für das Wahlrecht der Frauen geredet hat. Eine zornige, kämpferische, emanzipierte, lerneifrige junge Frau, die alles erfahren und sehen wollte. Sie wurde sozial und intellektuell bewußt... Der Weg von England nach Deutschland, der vor dem ersten Weltkrieg begann und sie an die Seite Carls führte, war definitiv und schonungsloser, als sie es sich hat vorstellen können.

Auf einer Visitenkarte vermerkt Maud ihr Sprachlehrerinnenexamen. Da wohnten deine Eltern in Berlin in der Gen-

thiner Straße, so Anfang der zwanziger Jahre. Sie hat mit ihrem Sprachunterricht ja nicht unwesentlich zum Haushaltsetat beigetragen und Carl bei seinen Entscheidungen ziemlich entlastet: er konnte unabhängig seinen beruflichen und politischen Weg gehen. Er mußte den Rücken nicht krumm machen.

Maud wollte nie ein Versorgungsobjekt werden, ökonomisch abhängig von einem Mann; sie wollte zum Haushalt beitragen, was sie auch in den ersten Jahren tat: teils mit Sprachunterricht, teils mit Bridge, sie war auch darin sehr geschickt. – Meine Eltern sprachen sehr oft englisch miteinander, auch französisch, um sich zu üben. Dadurch hörte ich auf natürliche Art schon in meiner frühen Kindheit fremde Sprachen; auch mein Vater war fasziniert von diesen Sprachen. Vielleicht eine Erklärung dafür, daß er gern Fremdwörter benutzte, weil er sie ausdrucksvoller fand.

Mich hat immer gewundert, daß Maud mit der deutschen Sprache Schwierigkeiten hatte, obwohl sie doch über ein halbes Jahrhundert in Deutschland gelebt hat und sich ganz ausgezeichnet in der deutschen Literatur auskannte. Sie hat viel gelesen, Maud sprach mit mir darüber. Und sie hat Bücher aufgehoben, die ihr Carl 1912 geschenkt hat – zwei davon stehen jetzt mit einer Widmung von Maud in meinem Bücherregal... Andere Frauen hätten in den erbarmungslosen Jahren nach 1933 anderes in den Koffern gehabt: Maud schleppte Fotoalben, Briefbündel und Bücher von einem möblierten Zimmer zum andern... Ich erinnere mich noch, wenn Maud schnell sprach oder wenn sie ärgerlich über etwas war, dann purzelte ja der Satzbau ziemlich durcheinander. Auch suchte sie manchmal nach dem richtigen deutschen Wort. Sie benutzte dann nicht etwa das passende englische, sondern hangelte sich mit französischen Vokabeln an den Klippen vorbei. „Daß ich Deutsch nicht perfekt kann, daran ist Carl schuld, er hat mich nicht verbessert, er hat gelacht, wenn ich mich verhedderte...", erzählte mir Maud.

Meine Mutter hatte ganz unnötige Komplexe für ihr Deutsch. Zu ihrer Zeit lernte man selten Deutsch; und die meisten Engländer haben eine schlechte Aussprache und strengen sich auch nicht an. Maud hatte einen sehr großen Wortschatz, aber wurde, wie du weißt, sehr leicht nervös. Ich merkte als Kind, daß sie oft die Artikel verwechselte und fand es lustig. Als sie nach Hamburg kam, war sie schon erwachsen, und dann ist es schwieriger, eine Sprache perfekt zu lernen.

Hat Maud mit dir englisch gesprochen?

Mit mir hat meine Mutter nicht englisch gesprochen. Ich hatte keine englischen Sprachkenntnisse, als ich nach England emigrieren mußte, hatte aber die Sprachmelodie wie ein Kinderlied emotional aufgenommen. Außerdem war meine erste Fremdsprache in der Schule, wie damals üblich, Französisch. Aber ich sang mit großem Elan englische Schlager: „... my golden baby, my beautiful baby, my darling, my sweetheart – my love is for you-ou“... Ich wurde von meinen Eltern – wie in englischen Familien üblich – viele Jahre einfach Baby genannt.

Carl hat in englischen Zeitungen gelegentlich publiziert – hat Maud das vermittelt? Hat sie für ihn Artikel übersetzt oder die englische Presse gelesen?

Ich erinnere mich an die englische Zeitung „The Observer“ und vor allem an die amerikanische Zeitung „The Christian Science Monitor“. Ich kenne einen Artikel auf englisch, das Thema: die Rolle der Frauen, der emanzipierten Frauen. Ich bin vollkommen davon überzeugt, daß meine Mutter ihn zu diesem Artikel inspiriert hat. Carl hatte viel Verständnis für Frauenfragen, er war ja ein modern eingestellter Mensch. Maud wollte an seinem Leben und seiner Arbeit so viel teilnehmen wie möglich. Er sollte schreiben, und sie wollte übersetzen, das wäre für Sie eine wunderbare Aufgabe gewesen.

Sie hat auch für ihn Artikel übersetzt, aber er sprach und las ja englisch und französisch. Er war überhaupt sehr belesen und besaß ein außergewöhnlich gutes Gedächtnis, darum konnte er auch so viel in seinen Artikeln zitieren. In meiner Familie wurde noch darüber gesprochen, daß sie in den ersten Jahren die Idee hatten, auszuwandern – nach Lateinamerika, Uruguay. Meine Mutter war sehr daran interessiert, sich von den engen Hamburger Verhältnissen loszumachen und für Carl ein weites Betätigungsfeld, ein anderes Forum zu finden. Daraus wurde aber nichts...

Machen wir jetzt einen Zeitsprung. Frühjahr 1932 – du warst zwölf Jahre alt – deinem Vater drohten achtzehn Monate Haftstrafe, das Leipziger Reichsgericht hatte ihn dazu verurteilt. Deine Eltern überlegten, wie sie dich aus Berlin fortbringen konnten, um dich von den gehässigen Schlagzeilen „Der Landesverräter Ossietzky“ zu erlösen. Denn auch deine Mitschülerinnen vom Freiherr-vom-Stein-Lyzeum lasen das ja täglich, und nicht alle werden taktvoll gewesen sein. Es war eine grausame Zeit für dich. Kannst du erzählen, wie du in die berühmte Odenwaldschule gekommen bist? Ich habe ein paar Briefstellen von Carl an Maud aus dieser Zeit in Erinnerung.

Es war in der Wilhelmstraße in Berlin-Friedenau in unserer möblierten Wohnung bei Frau Müller – Blücher und Moltke an den Wänden –, eines Abends holte mein Vater Prospekte aus seiner Aktentasche: von den schönsten Schulinternaten Deutschlands, sagenhafte Fotos von phantastischen Landschaften. Ich war begeistert, besonders von dem Bild eines Mannes mit großem langem Bart und gütigen Augen. Ein Tolstoi, ein Gandhi, von denen meine Eltern mir erzählt hatten, ein Schulleiter, wie ich noch nie einen gesehen hatte: das war Paul Geheeb, einstens für den Friedenspreis vorgeschlagen, Freund von Tagore und Nehru. In diese Schule, die Odenwaldschule, wollte ich. Und meine Eltern erfüllten mir den Wunsch, natürlich war es eine finanzielle

Belastung für sie. Anfang April (1932) brachte mich mein Vater nach Heppenheim ... Über unsere Ankunft und über die Schule berichtet Carl in Briefen begeistert an Maud:

„... wenn man von Heppenheim anfährt, sieht man plötzlich hoch oben aus dem Dunkel eine Unzahl von Fenstern wie Sterne im Dunkeln schweben. Das sind die Häuser der Odenwaldschule, und es ist wohl einer ihrer stärksten Wirkungsmittel, dieser erste Eindruck. Nachher sieht man diese schönen saubern spitzgiebligen Häuser der Odenwaldschule. Sie sind sauber und modern eingerichtet. Die Kinder sind mit der Hausverwaltung beschäftigt. Es ist ein schöner Anblick, wie diese kleinen Gören mit den Schlüsseln hantieren, in den Schränken sortieren etc. Es wird viel Sport getrieben, jeden Morgen Übungen, abends Duschen ... Ich habe das Lütt eben abgegeben und mich in ein stilles Zimmer in einer benachbarten Pension niedergelassen. Es ist ganz ruhig und idyllisch. Man wohnt am Berghang in wohl 300 Meter Höhe und blickt hinunter in die Rheinebene, in der Ferne sieht man die Lichter steinerner Städte. Es ist eine wunderbare Landschaft. – Babbi hat ein nettes helles Vorderzimmer mit einem andern Mädchen zusammen. Sie wird sich hier wohlfühlen ... das ist keine Schule im alten Sinne, sondern eine Kinderrepublik. Ich habe nur frische und gesunde Kinder gesehen. Ich war noch keine fünf Minuten da, und es fielen Deputationen 15jähriger Jungen über mich her, um mich über meine politischen Anschauungen zu interviewen ... Hier ist genau das verwirklicht, was wir wohl oft geträumt und niemals gehabt haben ...“

Pädagogische Fragen haben meinen Vater schon seit seiner Jugend interessiert, und du wirst dir vorstellen können, daß das mit seiner eigenen Schulzeit zu tun hatte; denn wenige Lehrer hatten Verständnis für den hochbegabten Carl. Ich zitiere besonders gern Sätze von ihm, die er schon 1913 in einem Artikel für das „Freie Volk“ formulierte: „Die freie weltliche Schule muß die erste Etappe in dem großen Emanzipationskampfe sein. Die Rückschrittler aller Färbungen wissen genau, warum sie hier jeden Fußbreit Boden nur nach verzweifeltem Kampfe hergeben. Wenn die Seele der Jugend nicht mehr reaktionär infiziert wird, wenn keine Knechte mehr erzogen werden, dann ist ihr Schicksal besiegelt." Die Odenwaldschule entsprach so ganz seinen Vorstellungen, und es entsprach auch seiner Fürsorge für mich. Obwohl er wenig Zeit für mich hatte, diese Fürsorge habe ich immer gespürt. Mit dem Besuch der Odenwaldschule gab er mir die erste große Chance meines Lebens.

Du konntest nur ein Jahr in der Odenwaldschule bleiben. Das Jahr 1933 war der Anfang grausamer Erfahrungen auch für dich: Dein Vater von den Nazis verhaftet, die erste eigene Wohnung nach vielen Jahren mußte Maud aufgeben, du kamst nach Berlin zurück, deine Mutter von all den Aufregungen nervlich zusammengebrochen. Du wurdest bei Sophie Duwe, einer guten Bekannten deiner Eltern aus der Hamburger Zeit, in der Breiten Straße in Berlin-Mitte untergebracht; die Schule, das Graue Kloster, genau das Gegenteil der Odenwaldschule – alles war fremd für dich ... Mit Hilfe der Quäker, die schon dein Ururgroßvater Palmer sehr unterstützt hat, gelang es, dich im Sommer nach England zu bringen. Wir können im Rahmen dieses Gesprächs deinen Lebensweg leider nicht weiter verfolgen.

Also 1933: Ich wurde von der Odenwaldschule nach Berlin geschickt und landete bei der alten Bekannten meiner Eltern. Meine Mutter war in einem Sanatorium und hatte meine kleine Schildkröte dorthin mitgenommen. Mein Vater hatte sie mir mal geschenkt. Ich erinnere mich noch an den Abend, als er mit einer weißen Tüte nach Hause kam; er machte die Tüte vorsichtig auf und nahm die Schildkröte heraus. Es war wunderbar, ich hatte ein Aquarium, aber mir immer noch ein kleines Tier gewünscht. Jacky, so nannte ich die Schildkröte, hat viel für mich bedeutet. Mit ihr verbanden sich so viele Erinnerungen an die gemeinsamen Abende mit meinem Vater. Wir beide saßen am Tisch und Jacky auf dem Tisch. Wir saßen uns gegenüber, mein Vater schrieb oft

Rosalindes Ururgroßvater General William Palmer

seine Artikel abends in Ruhe oder redigierte Manuskripte; ich machte Schularbeiten, spielte oder las. Intensiv studierte ich seinen Gesichtsausdruck, der immer sehr lebhaft war. Die ganze Szene erinnert mich an ein Filmerlebnis: In einem Film von Bourguignon sah ich eine solche Szene wieder. Abends trank mein Vater immer Tee, und Jacky kroch unter den Teewärmer; wenn es ihr zu warm wurde, kam sie wieder hervor und krabbelte von einem zum andern...

Als ich dann in das Sanatorium kam, um meine Mutter und Jacky wiederzusehen, stand meine Mutter wie versteinert da und sagte: „Deine Schildkröte lebt nicht mehr, ein SA-Mann hat sie mit seinen Stiefeln zertreten." Wir waren beide maßlos traurig und fühlten uns so machtlos. Ich glaubte, an die Grenze des Ertragbaren angelangt zu sein. Ein Mensch zertritt mit seinen Stiefeln ein kleines wehrloses Tier... Ichwußte wohl, daß Erwachsene, und vor allem die Nazis, zu Mißhandlungen und Brutalitäten imstande waren. Ich hatte große Angst, Angst davor, was meinem Vater noch passieren könnte. Wie die Nazis im Zuchthaus Sonnenburg ihn quälten und mißhandelten, wußten wir ja noch nicht, es war auch unvorstellbar.

Du hast auch eine freundliche Erinnerung an diese Zeit in Berlin. In Stäket am Mälarsee hast du sie mir erzählt. Beim Sichten von Fotos für die Ossietzky-Ausstellung 1984 in der Berliner Staatsbibliothek war mir ein zerschnittenes Foto aufgefallen ...

Ach, du denkst an den Besuch bei den Arnheims – ja, davon möchte ich noch gern sprechen. Ich kannte Rudolf Arnheim, den Kulturredakteur der „Weltbühne", bis dahin nur aus den Erzählungen meines Vaters. Von ihm sprach er öfter. In diesem Buch ist der Brief Carls aus Tegel (vom 10. Mai 1932) an Maud abgedruckt. Am Schluß heißt es: „Bitte Grüße zu übermitteln an Arnheim, der sehr krank ist." Keinen andern Mitarbeiter nennt er. Das sagt doch sehr viel aus: Mein Vater hat ihn sehr gern gehabt. – Eines Tages sollte ich Rudolf und Anette Arnheim besuchen. Von ihnen eingeladen zu sein, war schon sehr spannend und etwas Besonderes für mich. Ich sprach nur mit einigen jüdischen Jungen auf der Straße, die in meiner Nähe wohnten. Die Mitschülerinnen der neuen Schule waren mir fremd. Es war leer und kalt um mich. Deshalb war der Besuch bei diesem liebenswerten jungen Paar ein großes Erlebnis für mich. Da waren plötzlich zwei Menschen, die Zeit für mich hatten und mich verstanden... Anette war Fotografin und machte einige Aufnahmen, leider ist gerade die wichtige Hälfte eines Fotos verlorengegangen. Ich hatte es zerschnitten, um Rudolf Arnheims Bild besonders aufzubewahren. Die Arnheims sahen, daß ich keine ordentlichen Schuhe hatte; da haben sie mir ein Paar sehr schöne Schuhe nach meinem Geschmack gekauft, obwohl es ihnen zu der Zeit finanziell auch nicht gut ging. Eine Kleinigkeit, ich habe diese kameradschaftliche Geste nie vergessen.

Zum Schluß noch eine Frage: Hat Carl die Urkunde und die Goldmedaille des Friedensnobelpreises gesehen?

Mein Vater hat die Urkunde und die Goldmedaille natürlich nie gesehen. Sie wurden mir direkt vom Nobel-Komitee in Oslo als Einschreibepaket zugeschickt. Es war um den 1. September 1939. Ich war noch in der Viggbyholm-Schule bei Stockholm und befand mich nach dem Tode meines Vaters in einem äußerst deprimierten Zustand. Ich kann dir meine Überraschung kaum beschreiben, auch nicht das Gefühl: Schluß – aus! Und unfaßbar, daß die Insignien des Nobelpreises kurz vor der nazistischen Okkupation Norwegens zu mir nach Schweden geschickt wurden. Ich habe die Urkunde und die Goldmedaille gut und sicher gehütet. Maud sah sie, als sie mich 1948 in Stockholm besuchte... Geblieben aber ist ein bitteres Gefühl: Mein Vater hat sie nie gesehen, nie in seiner Hand gehalten...

Für die neue Auflage von Mauds Buch hast du den Brief deines Vaters an dich von Silvester 1937/38 zur Verfügung ge-

stellt; er ist im Anhang abgedruckt. An Mauds Text, wie sie ihn 1966 abgeschlossen hat, wurde nichts verändert. Es ist also keine „überarbeitete Auflage“, sondern eine erweiterte Neuauflage. Dank für den Brief Tucholskys an Maud vom Mai 1932; er war ihr bei der Niederschrift wohl nicht gegenwärtig. Erzählt hat mir Maud von diesem Brief, der ihr viel bedeutete. Dank auch für den Brief Ernst Tollers an dich. Für Maud war es eine große Beruhigung, zu wissen, daß dir ein Freund Carls in England zur Seite stand. Deine Mitwirkung an dem veränderten Bildteil war hilfreich. Dank für alles, Rosalinde.

Wenn Maud jetzt aus irgendeinem Himmel auf uns beide heruntersieht, stelle ich mir vor, daß sie über unsere Nachrede verschmitzt lächelt, und höre ihre dunkle Stimme: „Jetzt ist's genug – trinkt einen Schnaps, Kinder – es ist 18 Uhr!“

Anhang

Carl v. Ossietzky
Zwei Erzählungen

„Es ist noch nicht lange her, daß ich Dir diese beiden Geschichten widmete. Das hat Dir damals große Freude gemacht. Und so betrübe ich Dich vielleicht, wenn ich Dir jetzt sage, daß ich dir heute diese Geschichten nicht mehr widmen würde, sondern vermutlich verbrennen würde…"

Aus: Erinnerungsbuch, 28. Juni 1916

DER RICHTER DANIEL

Pedro Ortiz, ein junger Landedelmann aus der Gegend von Valencia, hatte sich in seine Base, die in seinem Haus wohnte, bis über die Ohren verliebt, und er hätte auch damit rechnen können, erhört zu werden, wenn er ihr nur die Hand zum Ehebunde angetragen hätte; denn er war nicht nur ein sehr liebenswürdiger Mensch, sondern seit Jahr und Tag auch ihr einziger Freund und Beschützer. Er konnte sich jedoch nicht zu diesem Schritt entschließen; ein starkes Gefühl für Unabhängigkeit verbot ihm, sich dauernd zu binden, auch war seine Base wohl sieben Jahre älter als er. Sorgfältig verhehlte er seine Neigung vor ihr und gab sich alle Mühe, mit ihr wie mit einer guten Freundin zu verkehren. Frau Christina Perez war Witwe. Nach dem Tode ihres Gatten war ihr Erbrecht von ihren Schwägern auf Grund alter Verträge angefochten worden, und die Arme wäre mit ihren Kindern der bittersten Not preisgegeben gewesen, wenn nicht Pedro Ortiz, ihr Vetter, sie aufgenommen hätte. Der junge Herr hatte sehr viel Sinn für Ritterlichkeit; er bereitete seiner Base und ihren Kindern ein behagliches Heim, und obgleich er nur mäßig begütert war, führte er doch einen

Prozeß nach dem anderen gegen ihre Verwandten, um ihr zu ihrem Rechte zu verhelfen, und bezahlte geduldig alle Sporteln. Indessen setzte ihm ihre Schönheit immer mehr zu. Er konnte es nicht übers Herz bringen, sie zu ehelichen, und wagte andererseits auch nicht, ihr einen unehrerbietigen Antrag zu machen. Oft sagte er sich, daß ihm, nach allem, was er für sie getan habe, sehr wohl ein Anrecht auf ihre Gunst zustehe. Aber wenn diese Gedanken verflogen waren, schämte er sich ihrer bitterlich. Zu seiner Leidenschaft gesellte sich noch die Eifersucht. Er fürchtete immer, ein anderer könne ihm zuvorkommen. Er mißtraute der freundlichen Bescheidenheit, die seine Base zur Schau trug, und mußte sich doch einen Narren schelten. Wenn einmal ein Gast im Hause war und bei lustigem Gespräche sich Frau Christinas blasse Wangen röteten, verging er fast vor Ärger und Angst. Ja, wenn alles schlafen gegangen war, verbarg er sich im Flur und bewachte ihre Zimmertür bis zum frühen Morgen. So brachte die Liebe Unrast in sein Leben, und unter einer glatten Miene verbarg sich ein zerquältes Gemüt.

Eines Tages hatte Frau Christina anspannen lassen und war nach Valencia gefahren. Pedro Ortiz war ihr unbemerkt gefolgt. Nachdem sie verschiedene Einkäufe besorgt hatte, bog sie plötzlich in eine obscure Nebenstraße ein. Er mietete sofort eine Sänfte und gab Befehl, sie nicht aus den Augen zu verlieren. Aber sie lief so schnell, daß den Trägern bald der Atem ausging. Herr Pedro sandte tausend Gebete gen Himmel, sie doch vor einem Fehltritt zu bewahren, und schwur hoch und heilig, endlich zur Tat zu schreiten, wenn dieses Mal noch alles glücklich ausliefe. Nach einer guten halben Stunde blieb Frau Christina vor einem ganz alten Hause stehen und klopfte dreimal an die Tür. Ein verhutzeltes Weiblein öffnete, und Frau Christina schlüpfte hinein. Herr Pedro sprang aus der Sänfte, in der Absicht, sofort ins Haus einzudringen, um die Frevlerin bei frischer Tat zu erwischen. Aber zugleich kam ihm der Gedanke, ob es nicht besser wäre, ein Weilchen zu warten; vielleicht werde sich alles als ganz harmlos aufklären. Doch schon nach wenigen Sekunden peinigte ihn die Vorstellung, sein Nebenbuhler könnte inzwischen ganz bequem beim Unterrock angelangt sein, und die Torheit wäre gewiß mit ihm durchgegangen, wenn nicht ein junger, etwas auffallend gekleideter Herr an ihn herangetreten wäre und ihn mit freundlicher Stimme beim Namen genannt hätte. Trotz aller Zerstreutheit erkannte Pedro sofort seinen alten Freund von der Universität wieder, den er wohl seit fünf Jahren nicht mehr gesehen hatte. – „Diego!" rief er erstaunt aus, aber der andere erwiderte lachend, daß er nunmehr Silvano heiße und Schauspieler sei. Seines alten Namens habe er sich entledigen müssen, denn dieser sei mit Schulden wie mit Bleigewichten behangen gewesen.

Herr Pedro zog den Freund in die Sänfte und erzählte ihm mit kurzen Worten, was sich zugetragen hatte. Silvano hörte mit Vergnügen zu und versprach ihm seine Hilfe. Indem kam Frau Christina aus dem Hause und ging eiligen Schrittes davon. Herr Pedro wollte ihr unverzüglich nachsetzen, jedoch Silvano hielt es für richtiger, erst das Geheimnis des Hauses zu ergründen. Sie fanden das alte Weiblein allein am Herdfeuer sitzend. Auf dem Tisch lag ausgebreitet ein Spiel Karten. Als sie die Lösung des Rätsels sahen, brachen sie in ein lautes Gelächter aus. Die Alte war sehr entrüstet, als sie merkte, daß man sie für eine Kupplerin gehalten hatte, und nur mit einer Handvoll Quartos war ihr Zorn zu besänftigen und ihr die Erklärung abzugewinnen, daß die schöne Dame häufig zu ihr käme, um etwas über den Ausgang ihrer Prozesse zu erfahren. Im übrigen beschwor sie die beiden Herren, nicht darüber zu reden, denn nach einem neuerlichen Edikte des Bischofs werde nicht nur ihr Gewerbe, sondern auch ihre Kundschaft unter schwere Strafe gestellt. Die Freunde fanden keine Ursache, der Alten zu mißtrauen, und sie gingen bald; Silvano besser gelaunt denn je und Herr Pedro, von einer Bergeslast befreit, nunmehr in jenen Zustand angenehmer Erschlaffung geratend, wie er sich so oft nach großen Erregungen einstellt.

Sie saßen dann noch lange in einer Schenke beisammen.

Silvano erzählte mit übersprudelnder Munterkeit Abenteuer – und es waren nicht nur schöne darunter –, aber lustig waren sie allesamt. Herr Pedro, der zu viel und zu schnell getrunken hatte, starrte schweigend in sein Glas, und im Spiegel des Weins sah er das Antlitz der Geliebten wieder, und sein Begehren schwoll übermächtig an. Durch das niedrige Gewölbe der Wirtsstube sah er kaum bekleidete Nymphen schweben, er sah sie mit lockenden Gebärden an sich vorüberschweben, und er erkannte, daß sie alle nur ein Antlitz hatten: das Frau Christinas, und daß nur sie es war, die ihn umgaukelte, die Haare gelockert und die Augen feucht und glänzend von wollüstigem Verlangen. Die Geister des Weins und mehr die Geister, die durch Silvanos freche Geschichten wirbelten, wühlten alles auf, was bisher im Grunde seiner Seele verborgen geschlummert hatte. Sein Edelmut sank, sein Gewissen sank. Er fühlte, wie er tiefer und tiefer sich in Schuld verstrickte und wehrte sich nicht. Alles, was er seit drei Jahren geplant, ersonnen und wieder verworfen hatte, gewann nun Form.

Er entdeckte dem Freunde seine Pläne und bat ihn um seine Hilfe. Silvano, der für jede Teufelei zu haben war, fand die Bedenken Pedros überflüssig, denn nach dem, was er für seine Verwandte getan habe, sei eine kleine Gegenleistung ganz berechtigt, und sie werde es wohl auch nicht anders erwarten.

Pedro widersprach lebhaft. Frau Christina sei ein Muster an Ehrbarkeit, und er habe sich immer geschämt, mit einem derartigen Verlangen vor sie zu treten. Nein, wenn es schon sei, müsse man sie ihm durch größere Dinge verpflichten als es Obdach und Speise seien, müsse er ihr mindestens Leben und Ehre retten. Vielleicht sei es möglich, so etwas wie einen räuberischen Überfall in Szene zu setzen, damit ihm Gelegenheit gegeben werde, vor ihren Augen als Held zu glänzen. Silvano fand diesen Vorschlag bedenklich; man bedürfe dazu vieler Helfershelfer, und im Falle des Mißlingens könnte der Spaß allen Beteiligten Kopf und Kragen kosten, viel eher sei schon denkbar, der Dame aus den Besuchen bei der Kartenlegerin einen Strick zu drehen. Pedro griff diesen Gedanken gierig auf, und nach kurzer Zeit war der noble Plan fertig. Für die Ausführung bestimmte man den übernächsten Tag. Einen Spießgesellen, der dazu nötig war, versprach Silvano zu stellen.

Herr Pedro kehrte mit schwerem Kopf und schlechtem Gewissen nach Hause zurück. Er mied seine Base, wo er nur konnte, denn neben ihrer ahnungslosen Reinheit kam er sich doppelt abscheulich vor. – Der Morgen des festgesetzten Tages verlief in qualvoller Erwartung. Endlich, es war bereits Nachmittag, wurden zwei Reiter gemeldet, und wenige Minuten später hatten sie auch schon abgesessen und wurden ins Haus geführt. Die beiden Ankömmlinge trugen lächerliche schwarze Röcke und lange weiße Perücken und hatten ganz weißgepuderte Gesichter. Immerhin hob sich der eine, ein junger, schlanker Mensch, in sehr gefälliger Weise von seinem Gefährten ab, dessen plumper Körper auf kurzen dünnen Beinchen irgendwie an ein Achtelfaß erinnerte, das ein Spaßvogel auf einen Schemel gestellt und mit einem schwarzen Talar umhängt hat. Frau Christina, die sehr selten lachte, fühlte sich von einer unwiderstehlichen Heiterkeit ergriffen; aber das Lachen blieb ihr im Halse stecken, als sich der komische Kauz in barschem Tone als Kommissär des geistlichen Gerichts von Valencia vorstellte und, nachdem er sich eine Prise Schnupftabak in die weit geöffneten Nüstern geschoben hatte, sie der Verbindung mit der gewerbsmäßigen Hexe Maria Gonzales bezichtigte. Sie habe mit dieser alten Verbrecherin Beschwörungen und ähnlichen Teufelskram vorgehabt, um ihren Prozeß zu einem günstigen Ende zu bringen, noch vor zwei Tagen habe sie sich mit Hilfe dunkler Mächte aus den Karten die Zukunft weissagen lassen, und er habe den strikten Auftrag, sie, Frau Christina Perez, sofort in Haft zu nehmen. Diese unerwartete Anklage beraubte Frau Christina aller Fassung, sie bestritt nichts, gab im Gegenteil alles zu, und bat nur händeringend um Gnade. Der Kommissär entgegnete, daß darüber sein Herr, der hochedle Don Daniel de Silva y Alcantara, Untersuchungsrichter des geistlichen Gerichts zu Valencia, zu befinden habe. Nun trat Don Daniel vor und sagte, der Herr Bischof werde diesmal auf strenge Durchführung seiner Edikte halten, und er, der Untersuchungsrichter, sei nicht in der Lage, Gnade zu gewähren. Nur von dem Haftbefehl könne vielleicht abgesehen werden, falls sich ihr Vetter für sie verbürge. Nachdem sich der edle Don Daniel von seinem Adlatus eine Pergamentrolle mit einem faustgroßen Siegel daran hatte reichen lassen, folgte eine umständliche Protokollaufnahme. Herr Pedro stand derweilen im Hintergrunde des Zimmers, und eine tiefe Reue folterte ihn, als er sah, wie die beiden Schelme mit dem armen Opfer spielten und namentlich der Kommissär jede Antwort mit hämischen Glossen spickte. Frau Christinas schöne Augen waren rotgeweint, und ihr feines, weißes Antlitz zuckte bei jeder Frage wie unter Geißelhieben zusammen. – „Wenn ich gewußt hätte, daß es ihr eine solche Tortur bereiten würde, nie hätte ich es getan“, jammerte er in sich hinein. Und er wünschte die ganze Intrige, die ihm in der Schenke wie ein loser Scherz vorgekommen war, zum Teufel.

Nach beendigtem Verhör belehrte ihn ein Augenzwinkern Don Daniels, daß seine Rolle noch nicht zu Ende sei, und er fragte mit unsicherer Stimme, was für eine Strafe die Sünderin wohl zu erwarten habe. Der Richter räusperte sich gewichtig, während der Kommissär etwas vom Kerker der Inquisition murmelte, aber begütigend hinzufügte, infolge ihres einwandfreien Vorlebens werde man es diesmal wohl mit einer öffentlichen Auspeitschung bewenden lassen. Ob nun der Richter Mitleid hatte oder ob ihm der Spaß auch zu weit ging, kurzum, er meinte tröstend, mit einer Geldstrafe von zweitausend Realen könne sie allen Beschwerlichkeiten aus dem Wege gehen. Ach, wie wurde der bedauernswerten Frau Christina zumute, als sie diese Summe hörte, die, wie sie wußte, bei weitem ihres Vetters Barvermögen überstieg; sie wankte schluchzend in den Garten hinaus, um ungestört über ihr Elend zu weinen.

Dort fand sie Herr Pedro Ortiz später, und er sagte ihr, sie möge sich keine Sorgen machen, er werde alle Hebel in Bewegung setzen, um das Geld aufzutreiben. Das war eine himmlische Melodie in der Trostlosigkeit ihres Unglücks; sie nannte ihn den besten Menschen der Welt, fiel ihm um den Hals, küßte ihn ab und beschwor ihn mit vielen gerührten Worten, um alles in der Welt nicht ihretwegen solch ein Opfer auf sich zu nehmen, sie sei schuld an allem und werde alle Schmach geduldig hinnehmen. Durch ihre Liebkosungen in seinem Mute gestärkt, versicherte er mit Emphase, daß er gern sein Haus, sein Land, seine Pferde, seine Kleider verpfänden wolle, nur um sie zu retten. Sie fiel ihm von neuem um den Hals, und er erntete ihre Liebkosungen und Lobreden mit schlechtem Gewissen. Um dieser Szene ein Ende zu machen, sagte er schließlich, vielleicht sei der Richter nicht unbestechlich; und er nannte es ein günstiges Zeichen, daß dieser die Einladung, bei ihm zu speisen und zu übernachten bereitwillig angenommen habe.

Nach dem Abendessen wurde der edle Don Daniel in sein Zimmer geführt. Da der Abend schwül war, beschloß er, das Fenster zu öffnen, um frische Luft hineinzulassen. Da gewahrte er Christina im Garten; sie saß auf der Bank und weinte. Don Daniel betrachtete sie wohlgefällig und begann etwa folgendermaßen zu reflektieren: Sieht sie nicht entzükkend aus, in dem gelben Kleid und dem schwarzen Schal! Was für eine grazile Figur, was für eine blendend weiße Haut, und was für herrliche schwarze Augen. Wahrhaftig, ihr Bild will mir nicht mehr aus dem Kopfe, seit ich sie vorgestern aus dem Hause der alten Wetterhexe kommen sah. Wie elastisch schritt sie aus, wie gefällig verriet ihr dünner seidener Rock – ein geschwätziger Kuppler – die Conturen ihrer schlanken Beine. Es wäre wirklich jammerschade, sie dem ewig flennenden Esel von Pedro so ungerupft zu überlassen. Zwar trage ich das Kleid der strengen Themis, aber auch die Gerechtigkeit hat ihre schwachen Stunden. – Solcher Art waren die Erwägungen des Richters Daniel, und es dauerte nicht lange, und sein Entschluß war fertig.

Als Frau Christina ins Haus hineingehen wollte, sah sie

den Don Daniel am Fenster stehen. Sie fuhr bei seinem Anblick zusammen, aber ihr fiel auf, daß er nunmehr ohne Perücke und ohne den weißen Mehlstaub im Gesicht viel weniger garstig aussah. Sie bemerkte, daß er ihr zulächelte, und in der Hoffnung, sein Herz werde sich vielleicht doch erweichen lassen, wagte sie ihn anzureden. Sie fragte schüchtern genug, ob da keine Möglichkeit wäre, der furchtbaren Buße zu entgehen; sie sei zwar schuldig, doch nicht in dem Maße, wie es die Anklage behaupte.

„Ei gewiß, gibt es einen solchen Weg", antwortete der Richter sehr freundlich, „auch die Justiz läßt mit sich handeln." – „Wirklich?" rief sie, „oh, ich will Geld beschaffen, viel, viel Geld!" – „Pfui, Geld", sagte er entrüstet, „wie unwürdig." – Und damit hängte er sich aus dem Fenster und bat sie, näher zu kommen. Und bald hatte sie es vollkommen begriffen, mit was für einer Münze er bezahlt sein wollte. – –

Als Herr Pedro am nächsten Morgen nach übel verbrachter Nacht aus seinem Zimmer trat, meldete man ihm, die beiden Herren hätten in aller Herrgottsfrühe ihre Pferde aus dem Stall geholt und sich wie die Diebe davongemacht. Ihm schwante sofort Böses, und er wollte anspannen lassen, um nach Valencia zu fahren, als Frau Christina eintrat und ihn bat, von seinem Vorhaben abzustehen, die Sache sei geregelt, das Verfahren erledigt. Als er sie erschrocken anblickte, sagte sie, indem eine tiefe Röte ihr Antlitz überzog: „Ja, lieber Don Pedro, es ist mir gelungen, den Richter zu bestechen. Es hat mich nicht einen Quarto gekostet; nur meine weibliche Ehre habe ich als Einsatz bieten müssen." – Herr Pedro stierte sie an, dann rannte er aus dem Zimmer in den Garten, aus dem Garten aufs Feld, vom Feld in den Wald und lachte und heulte durcheinander. Nach einigen Stunden kehrte er wieder, blaß und müde. Frau Christina wandte ihm ihr innigstes Mitleid zu. Er aber schämte sich vor ihr, vor sich selber, vor aller Welt.

Er war wenig empfänglich für Trostsprüche und ging ihr aus dem Wege, wo er nur konnte.

Aber eines Morgens stand er früher als sonst auf, wählte

sich in der Waffenkammer den längsten Stoßdegen aus, umgürtete sich mit ein paar Pistolen und ritt dann hinab nach Valencia. Hier erkundigte er sich nach Silvano und dessen Kumpan und erfuhr zu seinem Mißvergnügen, daß die beiden mit ihrer Truppe längst nach Neapel abgereist wären. So mußte er sich wohl oder übel bequemen, nach Hause zurückzukehren. Vor seiner Heimkehr traf er noch mit einigen Bekannten zusammen, und an den spöttischen Mienen und dem Getuschel hinterm Rücken erkannte er bald, daß Silvano die Affäre jedenfalls nicht als Staatsgeheimnis betrachtet hatte. Am liebsten wäre er in die Wüste geflohen oder hätte sich in einem Fuchsbau verkrochen, so sehr marterten die zweideutigen Blicke, denen er überall begegnete. Diese Erschütterung hatte jedoch ein Gutes: sie entriß ihn seiner unmännlichen Lethargie. Ihn packte die Angst, daß Frau Christina die Wahrheit über die beiden Gerichtspersonen erfahren könnte. Während der nächsten Tage schon konnte er sich überzeugen, daß diese Sorge nicht unbegründet war. Hatte sich Frau Christina vorher mit einer freundlich stillen Märtyrermiene in das Unabwendbare gefunden, so wurde ihr Betragen gegen ihn jetzt frostig und schnippisch, und mehr als einmal sprach aus ihren Augen eine bange Frage. Diesen Zustand konnte er nicht lange ertragen, und er beschloß endlich, ihm ein ehrenvolles Ende zu bereiten. Nach langer Überlegung legte er vor ihr eine Generalbeichte ab und schloß daran einen Heiratsantrag, der nach einigen Tränen und Vorwürfen auch angenommen wurde. Kurze Zeit danach ließen sie sich in aller Stille in der Dorfkirche trauen. Als sie am Hochzeitsabend selig aneinandergeschmiegt durch den Garten gingen, da war alles vergessen, und als er unter Küssen und verliebtem Getändel scherzend fragte, ob er nun mit seinem Complott nicht doch noch zum Ziele gekommen wäre, da antwortete sie ganz unbefangen: „Ach, Liebster, ich verstehe eigentlich gar nicht, warum du so viel Umstände gemacht hast. Du hättest mich auch ohne das haben können." – Da zog Herr Pedro den Kopf zurück, als wolle er einer recht garstigen Berührung ausweichen. Aber da faßte eine weiche Hand seinen Arm fester, und er ließ sich gerne führen und genoß mit Behagen die große Ruhe, die sich nach Schuld und Harm um ihn verbreitete.

DAS ENDE EINES GUTEN WILLENS

Zur selben Zeit, als Maria Theresia ihr geliebtes Wien mit Keuschheitsedikten tyrannisierte, regierte in einem kleinen deutschen Ländchen, das wir Maynhausen nennen wollen, eine Fürstin, die den Ehrgeiz hatte, in ihrem Eifer für die Tugend die Kaiserin noch zu übertreffen. Dabei gebrach es der Herzogin Luise Charlotte ebensowenig wie ihrer berühmteren Kollegin an weiblichem Reiz und persönlicher Liebenswürdigkeit. Mit Maria Theresien teilte sie auch das Schicksal, sehr häufig nur drittes Rad am ehelichen Karren zu sein, und manches Mal nicht einmal das. Aber wenn die Kaiserin ihren Franzel immer wieder liebreich aufnahm und selbst mit seinen weitherzigen Freundinnen nicht allzu hart verfuhr – wie sie selbst an seinem Sterbebette zu der emsig heulenden Staatsmaitresse mitleiderfüllt sagte: „Meine Liebe, wir beide haben viel verloren!" – so ging der Herzogin von Maynhausen dieser Zug freundlicher Toleranz vollkommen ab. Kaum, daß Adalbert XIII. die Augen geschlossen hatte, so jagte sie auch schon alle die seidenen Maitress'chen und überflüssigen Schranzen zum Henker. Maynhausen büßte schnell seinen alten Ruf als lustigstes aller Ländchen ein. Mit eiserner Strenge wachte die Herzogin über Zucht und Sitte. Selten kamen die Staupbesen zur Ruhe, und der Platz am Halseisen wurde niemals leer. Eine Unzahl von Delatoren machte Haus und Gasse unsicher: denn Angeben wurde nicht nur mit dem Nimbus der Tugend belohnt, sondern war auch sonst ein recht einträgliches Geschäft. Schwer mußten die armen Maynhausener die fürstliche Fuchtel spüren, und obschon sie sich äußerlich ganz gut mit dem puritanischen Kurs abfanden, seufzten sie doch insgesamt: wenn die Fürstin schon von so griesgrämiger Gemütsart ist, so ist das ihre Sache – wenngleich einer schönen Frau von einigen dreißig Jahren dergleichen sehr übel ansteht –, warum aber läßt sie die schwarze Fahne ihres Herzens über dem ganzen Lande wehen?

Luise Charlotte, die Strenge, die Selbstgerechte, war dabei keine Tyrannin. Die Liebe hatte ihr viel Enttäuschung gebracht, und sie hielt es für ihre Pflicht, andere davor zu bewahren. Ihr Wille war besser als ihre Mittel. Und eines schönen Tages sollte sie erkennen, daß sie über ihrem allzu straff gespannten Prinzip nicht nur die Natur ihrer Mitmenschen, sondern auch die eigene vergessen hatte. Sie, die von ihrem Hofe jeden Prunk verbannt hatte und in jeder bescheidenen Lustbarkeit den Verführer fürchtete und in jeder harmlosen Buntheit die Farbe des Teufels witterte, sollte dem ersten Versucher unterliegen, der klug genug war, sich hinter ihren eigenen Farben zu verbergen.

Sie hatte aus Frankfurt einen Maler kommen lassen, der ein paar Bilder vollenden sollte, die der verstorbene Hofmaler begonnen hatte. Er hieß Peter Danegger und war ein sehr geschmeidiger Mensch, nicht eben schön, aber von vollendeter Anmut der Rede und ein Komödiant von merkwürdigem Geschick. Er hatte es bald herausgefunden, wie man in Maynhausen sein Glück machte: er ließ seine großstädtische Garderobe beiseite, zog einen mausgrauen Rock an und versäumte nie, wenn er ausging, aus der Manteltasche ein Gebetbuch hervorlugen zu lassen. Luise Charlotte brachte ihm ein schier unbegrenztes Vertrauen entgegen. Was mochte sie dermaßen zu seinen Gunsten bestochen haben? War es sein blendender Redefluß, oder war es nicht vielmehr die gleichmäßige Sicherheit seines Auftretens? Der Hof ihres Gemahls hatte ihr den Mann in allen möglichen Spielarten gezeigt; hier fand sie etwas bisher Unbekanntes: ruhige Festigkeit auf geistiger Überlegenheit beruhend und durch Grazie gemildert. Sie konnte im Gespräch mit ihm nicht die ihr sonst vertraute Haltung steifer Würde bewahren, sie konnte zu ihm nicht mit der Umständlichkeit höfischen Stils sprechen: sie mußte vor ihm natürlich sein. Und das tat ihr, der Mißtrauischen und Verärgerten, unendlich wohl. Aber Cupido ist ein Buschklepper, ein Stegreifritter. Er ließ sie eine Zeitlang das unbekannte Wohlgefühl der Freundschaft auskosten und erweckte dann ganz allmählich den Wunsch nach mehr. Er kletterte auf die Stuhllehne, wenn sie träumend vor dem Kamin saß und flüsterte ihr liebliche Dinge ins Ohr; er kletterte kokett auf den Spiegel, wenn sie sich abends auskleidete, und hauchte das Glas an, so daß es das Bild in leuchtenden, lüsternen Farben widerstrahlte; und sie fühlte, daß es eigentlich traurig sei, daß alle diese schönen Dinge welken müßten, ohne ihre Bestimmung erreicht zu haben. Wenn sich das Gewissen einmal regte, tröstete er sie damit, daß es nun einmal Frauenart sei, von einem Manne zu träumen, und Herr Danegger durchaus würdig wäre, in die allerhöchsten Träume aufgenommen zu werden. Aber eines schönen Tages erwachte sie, und entsetzt erkannte sie, wie weit sie gegangen war. Da sagte der kleine Schalk ganz eiskalt „Lebewohl", und wie sehr sie auch bat und flehte, er überließ sie mitleidlos ihrem traurigen Zwiespalt.

Derjenige aber, der die Rebellion in Luise Charlottens Herzen erregt hatte, ahnte wohl, was vorging. Da ihm jedoch der natürliche Ausgang des Romans noch in weiter Ferne zu sein schien, suchte er sich derweilen an der schönen Sängerin Bella Donati schadlos zu halten. Die Herzogin hatte der Donati nur widerwillig ein mehrwöchiges Auftreten in der Oper gestattet, und da sie die Sängerin für verdächtig hübsch hielt, ließ sie die Dame scharf überwachen. So war das Verhältnis Herrn Daneggers mit der Donati in der kleinen tausendäugigen Stadt nicht ungefährlich, und bald genug sollte das Unheil hereinbrechen. Herr Fallocius, der Hofprediger, war dem Maler gram und hätte ihn gern aus der Gunst der Herrin verdrängt. Zu diesem Zwecke verband er sich mit dem Oberhaupt der Schnüffelnasen, dem Polizeimeister. Durch einen Zufall gelangten sie in den Besitz des Geheimnisses; aber nun noch einen Beweis zu erhalten, bestachen sie der Donati Zofe und erfuhren auf Minute und

Sekunde den Zeitpunkt des Stelldicheins. Überglücklich eilten die beiden Ephoren ins Schloß, um der Herrin diese angenehme Neuigkeit zu überbringen. Immerhin erstaunten sie über die lebhafte Gemütsbewegung der hohen Dame. Luise Charlotte wurde kreidebleich, und als Herr Fallocius sagte, wenn sie die Donati einmal ertappen wolle, so könne sie die Sängerin zur Stunde in hübschen seidenen Knabenhöschen in Herrn Daneggers Zimmer finden, da schlug sie zornig mit der Faust auf den Kaminsims und gebot Schweigen. Doch nach einer Weile peinlicher Stille, forderte sie mit mühsam erzwungener Festigkeit die beiden Herren auf, sie zu begleiten, denn sie wolle sich selbst überzeugen und, wenn es sein müsse, strenges Gericht halten. Nachdem sie den Mantel flüchtig umgeworfen und den Kopf unter der Kapuze versteckt hatte, eilte sie in den bitter kalten Februarabend hinaus.

Zum Glück für Herrn Danegger hatte sich die Treue der Donati in letzter Zeit bedenklich gelockert, und als er an jenem Abend nach Hause gekommen war, hatte er an ihrer Stelle einen Abschiedsbrief vorgefunden. So saß er nun in übler Laune vor seinem Skizzenbuch und wollte arbeiten und konnte sich doch nicht entschließen, den ersten Strich zu tun, als unten heftig an die Tür geklopft wurde. Ein kurzes Gepolter im Treppenhaus noch, und eine Sekunde später stand zu seiner großen Verwunderung eine Dame vor ihm, die ihn sehr erregt mit tausend und einer Frage bestürmte. Erst nach einer Weile erkannte er die Herzogin – er machte eine tiefe, aber verblüffte Verbeugung. Allmählich wurde ihm der Zweck dieses Besuches klar. Seiner geschickten Lügenzunge war es ein leichtes, sich zu rechtfertigen, und nach zehn Minuten war auch der Schatten eines Verdachtes zerstreut. Nun war an der Herzogin die Reihe, verlegen zu sein, sie war beschämt und niedergeschlagen und kämpfte mit den Tränen. Herr Danegger wußte nun, woher der Wind wehte; er ging in Eile mit sich zu Rate und kam jedenfalls mit sich überein, diese Komödie nicht als Fragment enden zu lassen. Nachdem er einen Blick aus dem Fenster geworfen hatte, wie um sich zu überzeugen, ob es noch weit zur Grenze wäre, erklärte er der Dame frisch und keck, daß ihre Prinzipien zwar sehr löblich seien, aber leider eine so schöne Frau nicht glücklich machen könnten. Er gestand ihr, daß er sie liebe; dieses Geständnis, sagte er mit Emphase, könne er ihr nicht länger vorenthalten, obgleich er sich für gänzlich unwürdig halte, auf ihre Gunst zu hoffen. Was ihre strengen Prinzipien anbelange, so könne sie ja nach einer kurzen Unterbrechung wieder dahin zurückkehren; sie kenne das Leben bisher nur von der einen tugendhaften Seite; es sei sowohl lehrreich als auch vergnüglich, einmal der andern Seite einen Besuch abzustatten, und er wolle sich gern als Führer zur Verfügung stellen, falls es sie nach einer Reise gelüste. Nach diesem Bekenntnis aber sei ihm nicht möglich, länger in ihrer Nähe zu verweilen, er müsse auf der Stelle abreisen, falls es die hohe Dame nicht vorziehe, ihn für seine Kühnheit das Schicksal jenes französischen Courtisans teilen zu lassen, dem die Königin Maria von Schottland wegen des gleichen Vergehens das Haupt vor die Füße legen ließ.

In ihrem eigenen Hause hätte Luise Charlotte gewiß nicht so mit sich sprechen lassen, aber hier in diesem fremden, halbdunklen Raum, umgeben von starren Aktfiguren und Studienköpfen mit verzerrten Gesichtern und weitaufgerissenen Augen, dazu in der Nähe des Mannes, dem sie sich unterworfen fühlte, kam ihr nicht der Mut zur Entrüstung. Sie fühlte sich unendlich hilflos. Sie fühlte, wie das Verlangen, das sie bisher sorgfältig verschlossen gehalten hatte, ihr nun über den Kopf wuchs – und sie wehrte sich nicht. Bei aller Einseitigkeit war sie doch eine kluge Frau, die mit fester Hand ihr Steuer lenkte. Und nun trat der Versucher an sie heran und entwand ihr sanft das Steuer, und sie gab sich gern den Wogen preis, glücklich in ihrer Schwäche. – „Schließlich sieht es ja niemand", dachte sie. Und diese Erwägung, die seit Olims Zeiten aller öffentlichen und privaten Moral über unbequeme Gründe und Schlünde hinweggeholfen hat, machte allen Skrupeln ein Ende. – „Was habe ich mich Ihretwegen aufgeregt, Sie schlimmer Mensch!" hauchte sie. „Wahrhaftig, mir wird schwach. Stützen Sie mich."

Und sie wankte und taumelte, wie von einer Ohnmacht befallen; nicht ohne vorher nach dem Kanapee geschielt zu haben.

Zwei Stunden mußten die beiden Trabanten auf der Gasse warten. Wie erstaunten sie, als sie ihre Herrin wiedersahen. Die Kapuze saß ihr tief im Nacken und der Mantel war nur nachlässig umgeworfen! Luise Charlotte war gücklich. Jede Faser ihres Leibes war in fröhlicher Erregung. Gewiß, sie schämte sich ein wenig. Aber die Scham führte sie nicht in die traurigen Regionen der Reue hinab, sondern zeigte ihr nur das Verwegene ihrer Tat in desto reizvollerem Lichte. Sie wollte allein sein, um sich in aller Ruhe Rechenschaft abzulegen. Doch in ihren stillen Zimmern wuchs die Aufregung noch. Sie kam sich jetzt doppelt vereinsamt vor. Sie sehnte sich nach ungebundener Gesellschaft, nach lockender, schmeichelnder Musik.

Sie warf sich angekleidet aufs Bett. Die dumpfe Luft des Schlafzimmers benahm ihr fast den Atem. Ihre Seele brannte nach neuen Aufregungen. Da hörte sie unter ihren Fenstern das Gequietsche von Dudelsäcken, und es fiel ihr ein, daß ja nun Carnevalszeit sei und Nacht für Nacht maskierte Leutchen ihr Wesen trieben. Das wäre eine Gelegenheit, nun sich auszutoben! Tanz, Gelächter, Musik... ja, das brauchte sie!

Luise Charlotte durchwühlte den Schrank. Sie schlüpfte in ein einfaches, aber zierliches Kleid, legte einen schwarzen Sammetmantel um und verdeckte ihr Antlitz mit einer Maske. So wollte sie Herrn Danegger aus den Federn trommeln, um mit ihm die Nacht zu durchtanzen. Noch glühten ihre Wangen vom letzten Abenteuer, noch war sie erfüllt von jener himmlischen Ungewißheit, welche die Bedeutung des Geschehenen noch nicht ermessen hat und bereits nach neuem lechzt.

Die Straßen waren dunkel und leer. Auf dem Schloßplatz war außer einer Nachtwächterpatrouille nichts zu sehen. Nur auf dem Freimarkt gingen allerhand maskierte Leutchen züchtig im Kreise umher, die Herren im angemessenen Abstand von den Damen. Ein paar Guitarren schnarrten, ein paar johlende Gassenbuben umschwärmten die johlenden Spaziergänger. Sonst wäre es mäuschenstill gewesen. Luise Charlotte schüttelte den Kopf über diese Art Carneval, ohne zu bedenken, daß dies ja ihr Werk war. Wie sie schon unentschlossen und enttäuscht dem Freimarkt den Rücken kehren wollte, fühlte sie mit einem Male, daß sie beobachtet wurde. Ein sehr stattlicher maskierter Herr in Offiziersuniform musterte sie aufmerksam. Sollte man sie erkannt haben? Sie versuchte, unbefangen zu erscheinen. Als ihr aber der Cavalier auf Schritt folgte und hinter ihrem Rükken allerlei zum Erröten geeignete Complimente vernehmen ließ, entschlüpfte sie schnell in eine Seitengasse. Es nützte nichts, er blieb ihr auf den Fersen, und als ein hoher Gartenzaun ihrer Flucht ein Ende machte, mußte sie beschämt und verwirrt stehenbleiben. Er kam ganz seelenruhig auf sie zu und ergriff ihren Arm. Ohne sich um ihren Protest zu kümmern, fragte er sie, ob sie hier in der Nähe wohne. Als sie ihm, vor Ärger fast berstend, antwortete, daß sie seine Gesellschaft nicht wünsche, meinte er gutgelaunt, es sei so der Brauch der Maynhausener Damen, erst davonzulaufen, um dann im Dunkeln stillzuhalten. Und er lud sie ein, mit ihm in ein Bethaus zu kommen. Sie glaubte, nicht recht gehört zu haben. Ihr verdutztes Wesen ergötzte ihn königlich. Ein dröhnendes Lachen erschütterte seinen breiten Brustkasten; unter seiner Larve drangen ein paar dicke Schnurrbartenden triumphierend hervor. Die Neugierde siegte über die Abneigung. Luise Charlotte ließ sich von dem Cavalier führen und nahm selbst ein paar eckige Zärtlichkeiten mit in Kauf. Er brachte sie in das Haus eines zugereisten Pietisten, der hier tagtäglich einem gläubigen Auditorium die Bibel erklärte. Heute ging es hier nicht fromm zu. Sie fand ein regelrechtes Bacchanal vor. Die Besucher waren alle maskiert; die Vermummungen waren zum Teil recht bizarr, die Kleider der Damen schon bedenklich in Unordnung geraten. Auf dem Betpult hockten zwei krumme Musikanten, die unentwegt die Fiedel strichen. Der Herr des Hauses hatte eine blaue Schürze umgebunden und diente als Weinzapfer.

Der Herzogin war an jenem Abend schon eine Sensation widerfahren, aber was sie hier sah, beraubte sie aller Fassung. Sie klammerte sich, am ganzen Leibe zitternd, an ihren Begleiter, dem ihr Erstaunen großen Spaß bereitete. Er teilte ihr aufklärend mit, daß da zehn bis zwölf solcher Bethäuser in der Stadt wären. Die Katholiken hätten welche, die Calvinisten und Lutheraner gleichfalls. Auch die Juden wollten bald ein eigenes Bethaus aufmachen, da man sie bisher nur bei den Herrnhutern gelitten hätte und der Raum dort allmählich zu eng geworden wäre. – Das war also ihr Erfolg! Sie hatte die Tugend geliebt und das Laster gehaßt. Sie hatte es von der Straße vertrieben, nun frohlockte es hinter verschlossenen Fensterläden, die mit frommen Sprüchen verziert waren. Sie hatte ihm den hellen Tag verboten, nun lebte es im Dunkel vergnüglich sein Dasein weiter. Eine Betäubung kam über sie. Sie empfand kaum, daß ihr Cavalier ihr ohne Umschweife den Arm um die Hüfte legte und sie zu einem Tänzchen nötigte. Es war ihr alles so gleichgültig; sie nahm gar keine Notiz davon, daß ihr Tänzer sie bald schonungslos herumwirbelte, bald zärtlich an sich drückte.

Als der Tanz zu Ende war, bot ihr der Cavalier sehr galant einen Stuhl an und brachte ihr ein Glas Wein. Sie war sehr ermüdet gewesen, und wie nun ihre Erschöpfung wich, besserte sich auch ihre Laune. Sie fing an, etwas von dem Humor ihres Erlebnisses zu ahnen. Das alles war mehr lustig als ärgerlich: diese windschiefen Musikanten, dieser dicke, heuchlerische Pietist und diese grotesken Masken. Auch ihr rauher Kriegsgott schien ihr angenehmer geworden zu sein. Er huldigte ihrer Schönheit nun in weniger handgreiflicher Weise und streichelte nur hin und wieder zärtlich ihr Haar und ihre prächtigen Schultern.

So trat sie zum zweiten Tanz in ganz andrer Stimmung an. Auch sagte ihr der zierliche Menuettschritt viel mehr zu als der Cancan von vorhin. Sie empfand ein angenehmes Prikkeln in den Adern, und ganz leise kam ihr zum Bewußtsein, daß sie hier eigentlich gefunden hatte, was sie vor einer Stunde noch auf dem Schloßplatz und dem Freimarkt vermißt hatte. Der Cavalier drängte sich immer dichter an sie, und sie sträubte sich nicht. Sie hörte Gefiedel, Geschwätz, Gelächter wie fernes Summen, der Lichterglanz vor ihren Augen floß zu einem bunten Chaos zusammen. Wie im Halbschlaf spürte sie, daß sie ihr Tänzer fester an sich zog. Und plötzlich schrie sie laut, denn sie befand sich in einem dunklen Raum. Aber zwei feste Arme hielten sie umschlungen, und ein paar heiße Lippen schlossen die ihrigen. Und sie hörte noch von irgendwo den Ton der Geige, und fernes Lachen zersprühte wie Schaum. Indessen war das zweite Erwachen der Herzogin nicht so fröhlich wie ihr erstes. Als sie sich am nächsten Tage in ihrem Schlafzimmer wiederfand, war sie nicht wenig verwundert, daß Mittag schon vorüber war. Ganz langsam entsann sie sich, daß sie frühmorgens in aller Heimlichkeit zurückgekehrt war. Ihr Kopf schmerzte, sie fühlte sich müde und schwach und verließ den ganzen Tag nicht ihr Zimmer. So lag sie stundenlang auf dem Bett und suchte nach einer Erklärung für alles, was sich begeben hatte. Als sie sich aber am nächsten Morgen gut ausgeschlafen und mit klarem Kopfe von ihrem Lager erhoben hatte, erschien ihr der Zustand der Ungewißheit nicht länger erträglich. Nach kurzer Überlegung ließ sie Herrn Danegger rufen, und ihm beichtete sie alles. Was er ihr geraten hat, ist leider unbekannt geblieben; aber nach dieser Unterredung erschien Luise Charlotte wieder mit heiterer Miene, und von diesem Tag an zog in die Regierung des Ländchens ein milderer Geist ein, so daß Maynhausen bald wieder seinen alten Ruf als lustigstes aller Ländchen genoß. Die Bethäuser jedoch schlossen ihre Pforten; sie waren überflüssig geworden. Wie aber war das weitere Leben der Fürstin, nachdem ihr ein paar Abendstunden so derb bewiesen hatten, auf wie schwankem Grunde unser guter Wille und unsere festesten Vorsätze ruhen? Hat sie sich von da ab dem entgegengesetzten Prinzip verschrieben? Wir glauben es nicht, denn wir suchen den Namen der Herzogin Luise Charlotte vergebens zwischen denen der großen Buhlerinnen von Semiramis bis Katharina. Dennoch glauben wir nicht, daß diese beiden

Abenteuer ihre letzten gewesen sind. Vielleicht hat sie den Ausweg mancher klugen Frau gewählt, die eine verlangende Seele unter würdevollem Auftreten und majestätischer Unnahbarkeit verbirgt, und nur manchmal durch einen Blick, ein Lächeln, eine Geste verrät, daß auch in ihrem Herzen Cupidos rosenrote Fahne weht.

Die Weltbühne

Begründet von Siegfried Jacobsohn

Unter Mitarbeit von Kurt Tucholsky geleitet von Carl von Ossietzky

Le Lavandou (Var) Villa Emeraude 13-5 -32

Liebe, verehrte Frau von Ossietzky,

ich habe absichtlich gewartet, bis alles vorbei ist – oder vielmehr: bis alles angefangen hat. In den ersten Tagen meldet sich so viel...

Zunächst einen Händedruck. Ferner: bitte schreiben Sie mir *immer*, wenn etwas besonders schief geht – was ich tun kann, soll getan werden. Wenn Oss über die ersten Wochen herübergekommen ist, die ja erfahrungsgemäß die schwersten zu sein pflegen, dann wird das, glaube ich, nicht so schlecht gehn wie man denkt. Wir müssen durchsetzen, dass die Strafe wenigstens in Festung umgewandelt wird. Und zwar vor dem Winter.

Wenn er schreiben darf, wäre das allerbeste, er machte ein *Buch* – wozu er ja bekanntlich draussen nie kommt. Ich habe ihm das bisher nicht geschrieben, das klingt so anmassend – und es muss auch der erste Chock vorüber sein. Aber dann sollte er es tun – abgesehn von der günstigen Konjunktur, die für ihn herrscht, ist das eine gute Sache. Er sollte es unbedingt tun. (Nicht eine Sammlung seiner Artikel, sondern ein selbständiges Buch.)

Bitte schreiben Sie mir – ich stehe Ihnen in dieser Sache immer gern zur Verfügung.

Sie stehn doch mit Finkelnburg in Verbindung? Er kann manches tun – er kennt vor allem den Mechanismus dieser Sache gut. Das kann wichtig sein.

Alles Gute für Sie! Allerherzlichst
wie stets Ihr ergebener

Tucholsky

Ernst Toller

Carlton Court, Pall Mall Place
London S.W.1, den 17. Dez. 1933.

Fräulein
Rosalinde von Ossietzky
Bedalls, Peterfield
Hambs.

Liebes Rosalindchen,

Ich habe zwei reizende Familien für Dich gefunden, die Dich in London aufnehmen werden. Schreibe sofort an Mrs. A. Vallance, 26, Belsize Grove, Hampstead, N.W.3. Der Mann von Mrs. Vallance ist Herausgeber von News Chronicle. Bei ihr wirst Du eine Woche bleiben und die zweite bei Mrs. Naomi Mitchison, River Court, Hammersmith Mall, W. 6, einer Schriftstellerin und reizenden Frau, die Kinder in Deinem Alter hat. Wahrscheinlich bin ich doch schon Anfang Januar zurück, und dann lese ich Dir die Leviten wegen des Klavierspielers.

Das Xmas-present bekommst Du von mir in London.

Ich versuche gerade, Deinem Vater ein wenig zu helfen. Nächstens wirst Du in einer grossen englischen Zeitung einen Aufsatz über ihn lesen.

Bless you, little lady.
Aufs herzlichste grüsst Dich
Dein

Berlin-Niederschönhausen 29. 12. 37

Mein liebes Baby,

wir haben uns sehr über die appetitliche kleine Glückwunschkarte gefreut und endlich auch – um in der Reihenfolge der Wichtigkeit zu bleiben – über Dein Zeugnis. Jedenfalls ergibt sich daraus, daß Du ausgezeichnete Fortschritte gemacht hast, vor allem, daß Du etwas konstanter geworden bist. Daß es mit dem Rechnen nicht langt, bedauern wir, aber verkennen nicht, daß es sich hier um einen eingewurzelten Erbfehler handelt. Deine Eltern haben immer mit dem Einmaleins auf schlechtem Fuße gestanden. Wir wünschen in Deinem Interesse aufrichtig, daß Du in bessere Beziehungen zur kleinen Arithmetik kommst. Dein wirkliches Kapital sehe ich in Deiner Sprachbegabung; da ist wirklich etwas, worauf Du Deine Zukunft stellen kannst. Ich würde dem durch eifrige Lektüre nachhelfen. Nicht allein in dem Sinne, um die Konversation flüssiger zu machen, das holt man sich leicht aus Zeitungen und für den Tag geschriebenen Büchern. Der Geist einer Sprache liegt in der großen Literatur eines Landes. Nur von hier aus kommt man zur wirklichen Beherrschung. Das ist ein schwer definierbarer innerer Prozeß, der weit über das glatte Aneignen von Clichéausdrükken hinausführt. Du siehst, ich bin vollgestopft mit guten Ratschlägen. Aber sei ruhig, ich denke nicht daran, das in ein System bringen zu wollen. Ich ahne wohl aus Deinen Briefen, wie Du bist, kenne Dich aber im einzelnen zu wenig. So fasse das also als Wink eines Menschen auf, der sich immer bemüht hat, seinen Geschmack zu bilden, ohne dabei in eine ästhetische Simpelei zu verfallen. Das Wichtigste auf diesem Gebiet erlernt man nicht durch Büffeln, sondern gleichsam nebenbei.

Schreibe uns bitte einmal, was Du für weitere Pläne hast. Ohne ins Einzelne zu greifen, möchte ich Dich doch vor Experimenten und übereilten Entschlüssen warnen! Besteht für Dich die Möglichkeit, eine Art Abitur zu machen? Selbst wenn du jetzt nicht an ein akademisches Studium denkst, so hat es doch seinen Nutzen, so ein Zeugnis in der Tasche zu haben. Jetzt wirst Du schon 18 Jahre alt. Ein für uns schwer faßlicher Gedanke. Du weißt, daß unsere Wünsche Dich Tag und Nacht begleiten. Mögen sie, so ernst sie sind, Dir keine Schwermut bringen, sondern die Heiterkeit und die Lebenslust und alles Glückliche, was zu diesem Lebensalter gehört.

Ich grüße Dich an der Jahreswende 1937/38

Dein Vater

[undatiert, vermutlich 1940]

Meine lieben Kinder!*

Hoffentlich habt Ihr meine letzten 2 Briefe bekommen? Ich warte sehnsüchtig auf Nachricht. Jetzt muß ich Euch was sehr trauriges erzählen. Der Docktor ist krank, er hat sich infiziert – wie ihr weisst, ist er Facharzt für Lungenkranke – und opfert sich bis zum Weissbluten für seine Patienten – – – (Zensurstriche über drei Zeilen) natürlich er kann sich erholen, aber diese Krankheit ist so heimtukisch und langwierig und mann behalt immer eine Schwäche zuruck auch wenn es angeblich wieder geheilt ist, jetzt möchte ich gern dass du, Rosalinde an den Docktor schreibst und ihn erzählst von dein Leben und auch von Olle und seiner zukunfts Pläne. Bitte aber nicht seiner Krankheit erwähnen – in solchen Sachen sind Tuberkulosen sehr empfindlich und reizbar – Du hast ihn noch nie geschrieben obgleich ich dich oft darum gebeten habe. Bitte danke ihm fur alles was er fur Pappy gethan hat, wie er ihm körperlich und seelisch zurseite gestanden hat, (er hat wirklich das gethan was niemand anders gethan hätte, und immer noch thut – er ist der einzige übrig gebliebene Freund in all den letzten Jahren, er ist immer lieb + gut zu mir. Ich lese ihm immer Eure Briefe vor und zeige ihm die Bilder und er hat oft gesagt warum

* Das sind: Rosalinde v. Ossietzky und ihr erster Ehemann Olle Viredius

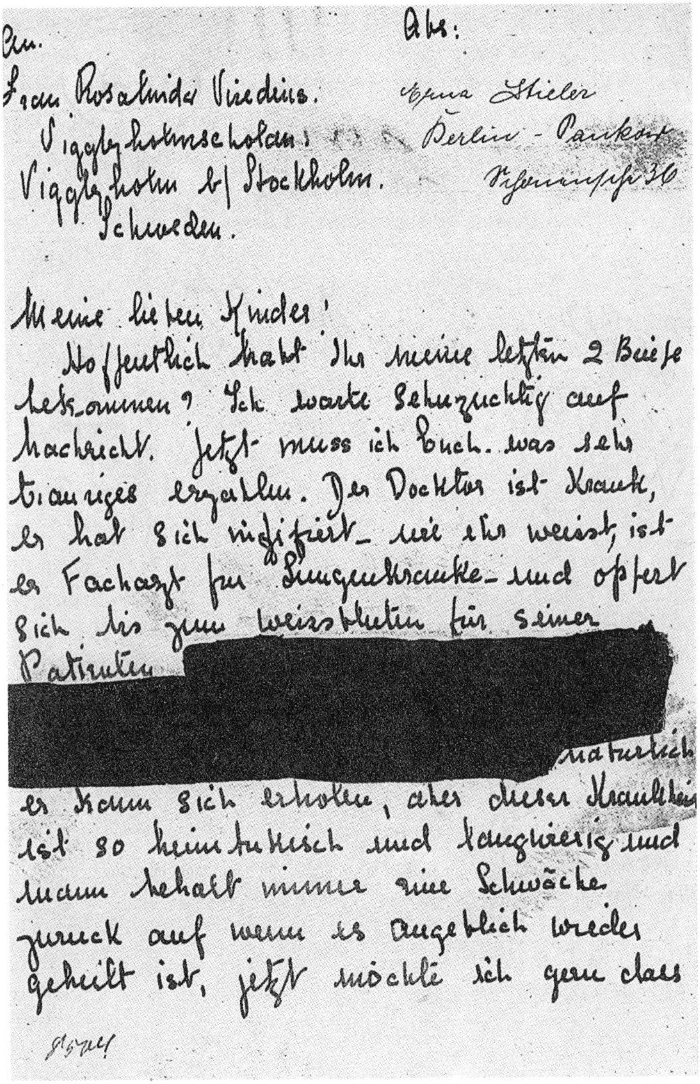

An:
Frau Rosalinde Viredius.
Viggbyholmsskolan.
Viggbyholm b/ Stockholm.
Schweden.

Abs:
Anna Stieler
Berlin - Pankow
[illegible] 36

Meine lieben Kinder!
Hoffentlich habt Ihr meine letzten 2 Briefe bekommen? Ich warte sehnsüchtig auf Nachricht. Jetzt muss ich Euch was sehr trauriges erzählen. Der Dockter ist krank, er hat sich infiziert – wie ehr weisst, ist er Facharzt für Lungenkranke – und opfert sich bis zum Weissbluten für seiner Patienten [blacked out] natürlich er kann sich erholen, aber dieser Krankheit ist so heimtückisch und langwierig und man behalt immer eine Schwäche zurück auf wenn es angeblich wieder geheilt ist, jetzt möchte ich gern dass

Brief von Maud an Rosalinde Viredius Stockholm

schreibt mir Rosalinde nicht mal. also mein Kind thue es, es ist nur zu Eure Vorteil, weil er hat alles in seine Hände und macht alles aus Freundschaft zu Pappy – nochmals nicht erwähnen dass ich von seiner Krankheit geschrieben habe.

Ich freue mich auf das Paket – ich wollte ich konnte Euch was schicken, aber leider muss ich warten bis eine Gelegenheit sich bietet. Ich kenne niemand der mich helfen konnte, aber es wird eine andere Zeit kommen und dann wollen wir es alles nachholen nicht war? Das Wetter hier ist sehr nass und kalt.

Habt ihr die Bilder bekommen? ich will mir immer richtig photographieren lassen aber ich kann mich nicht dazu entschliessen, dass wird auch kommen. Jetzt haben wir bald Weinachten – – – – (Zensurstriche über zwei Zeilen)

Ich denke jeden Tag an unsern Pappy, und sage mir er hat es besser als wir, nur ich bin so allein und finde keine Ruhe ohne ihn. er fehlt mir immer mehr und mehr – ich komme mich so überflüssig vor. Na! Kinder ich will nicht anfangen zu jammern. Ich wunsche Euch alles Gute und vor allem Gesundheit. Oh! wie möchte ich bei Euch sein und mit euch plaudern – so habe ich niemand der zu mir gehort.

Bitte schreibe mir bald und vergiss nicht an Dr. Dosquet zu schreiben – ich küsse und umarme Euch von Herzen meine heissgeliebten Kinder.

Immer in Treue Eure Mamy

Anmerkungen

1 Emmeline Pankhurst (1858–1928); britische bürgerliche Frauenrechtlerin. Sie gründete 1903 „The Women's Social and Political Union". Sie setzte sich für die politische Gleichberechtigung, vor allem für das Wahlrecht der Frauen ein. – Suffragetten (franz. suffrage = Stimmrecht) nennt man die Anhängerinnen dieser Bewegung.

2 Die Demokratische Vereinigung Deutschlands wurde 1908 von einer Gruppe aus der Freisinnigen Vereinigung, u. a. von Hellmut v. Gerlach und Rudolf Breitscheid, gegründet. Sie trat für Parlamentarismus, Freihandel und internationale Abrüstung ein. Breitscheid trat 1912 zur Sozialdemokratie über.

3 Deutscher Monistenbund; 1906 von Ernst Haeckel (1834–1919) begründet. Der Haeckelsche Monismus behauptet, das Wesen aller Dinge sei der Geist, die Idee. Der Bund propagierte die Verbreitung der naturwissenschaftlichen Erkenntnisse und atheistischen Anschauungen, trat für eine weltliche Schule und die Trennung von Staat und Kirche ein.

4 Hellmut v. Gerlach (1866–1935); antifaschistischer Politiker, Schriftsteller, führender Pazifist, gab seit 1901 die Wochenzeitung „Welt am Montag" heraus, in der 1904 die ersten Theaterkritiken Siegfried Jacobsohns erschienen. Bis 1929 Vorsitzender der „Deutschen Friedensgesellschaft". 1932, während Ossietzkys Haftzeit, übernahm er die Leitung der „Weltbühne", deren Mitarbeiter er von 1919 bis 1935 war. 1933 emigrierte er nach Paris.

5 Minna Cauer (1841–1922); bürgerliche Frauenrechtlerin, gründete 1888 den Verein Frauenwohl in Berlin, organisierte 1893 die Mädchen- und Frauengruppen für soziale Hilfsarbeit; Mitbegründerin des Vereins für Frauenstimmrecht. 1901 sammelte sie die radikaleren bürgerlichen Frauenorganisationen im Verband fortschrittlicher Frauenvereine.

6 Im Wochenblatt der Demokratischen Vereinigung, im „Freien Volk", begann Ossietzkys publizistische Laufbahn. Am 25. Februar 1911 druckt die Redaktion den „Temperamentsausbruch" des jungen Ossietzky ab, er verteidigt Herbert Eulenbergs Stück „Alles um Liebe", das im Hamburger Schauspielhaus vom „Bourgeoispublikum" „lärmend" abgelehnt wurde.

7 Diese hier als biographische Dokumente veröffentlichten Arbeiten Ossietzkys befinden sich im Anhang.

8 Dieser Artikel erschien im Juli 1918 in den „Monatlichen Mitteilungen des Deutschen Monistenbundes" der Ortsgruppe Hamburg. Als Ossietzky 1919 Lektor im Pfadweiser-Verlag, Hamburg, war, veröffentlichte er vier Beiträge, die er von 1917 bis 1919 geschrieben, in einer Broschüre für die Reihe „Flugschriften des Deutschen Monistenbundes" unter dem Titel „Der Anmarsch der Neuen Reformation". („Ein Wort über Aktivismus", 1917 – „Wandlung der geistigen Atmosphäre", Juli 1918 – „Das werdende Deutschland", Dezember 1918 – „Der Anmarsch der Neuen Reformation", Juni 1919). Ossietzky schrieb das Vorwort zu Wilhelm Lamszus' zweitem Teil seiner Vision vom Kriege: „Das Irrenhaus", 1919 Pfadweiser Verlag.

9 Deutsche Friedensgesellschaft; 1892 von Alfred Hermann Fried auf Anregung Bertha v. Suttners gegründet. Im ersten Weltkrieg Sammelpunkt bürgerlicher Kriegsgegner. – Alfred Hermann Fried (1864–1921) gründete 1899 die Monatsschrift „Die Friedenswarte". Er war 22 Jahre ihr Herausgeber. 1911 Friedensnobelpreis. – Bertha v. Suttner (1843–1914) erregte Aufsehen mit ihrem Buch „Die Waffen nieder" (2 Bde. 1889). Friedensnobelpreis 1905.

10 Ludwig Quidde (1858–1941); Historiker, Politiker, führender Pazifist. 1896 wegen Majestätsbeleidigung zu 3 Monaten Gefängnis verurteilt. 1914 bis 1929 Vorsitzender der Deutschen Friedensgesellschaft und des Deutschen Friedenskartells. 1927 Friedensnobelpreis zusammen mit dem Franzosen Boisson.

11 Helene Stöcker (1869–1943); Dr. phil., sozialpolitische Schriftstellerin und Sexualreformerin, gründete 1905 den Bund für Mutterschutz und Sexualreform und dessen Zeitschrift „Die neue Generation", die sie bis 1932 leitete. Nach dem ersten Weltkrieg Vorstandsmitglied der Deutschen Friedensgesellschaft. 1921 gründete sie in Bilthoven (Holland) die Interationale der Kriegsdienstgegner.

12 Deutsche Liga für Menschenrechte; pazifistische Vereinigung, vor 1919 Bund Neues Vaterland, der 1914 von Otto Lehmann-Rußbüldt mitbegründet wurde.

13 Otto Lehmann-Rußbüldt (1873–1952); Buchhändler, Journalist, Mitbegründer des Bundes Neues Vaterland, der im ersten Weltkrieg für einen Verständigungsfrieden eintrat. 1922 bis 1928 Geschäftsführer der Deutschen Liga für Menschenrechte.

14 „Die Weltbühne"; 1905 unter dem Titel „Schaubühne" von Siegfried Jacobsohn als Theaterzeitschrift begründet, ab 1918 als „Die Weltbühne, Wochenschrift für Politik, Kunst, Wirtschaft", weitergeführt. Nach dem Tode Jacobsohns (1926) leitete Carl v. Ossietzky unter Mitarbeit von Kurt Tucholsky „Die Weltbühne" bis zum Verbot 1933. In der Emigration erschien „Die neue Weltbühne" in Prag und Paris bis 1939, geleitet von Hermann Budzislawski. Seit 1946 erscheint „Die Weltbühne", herausgegeben von Maud v. Ossietzky und Hans Leonard, wieder in Berlin. – Chefredakteur seit 1971 Peter Theek.

15 Siegfried Jacobsohn (1881–1926); Theaterkritiker, Begründer und Herausgeber der „Schaubühne"/„Weltbühne". Seit 1911 erschienen seine Theaterkritiken unter dem Titel „Jahr der Bühne" auch in Sammelbänden (10 Bde.). Weitere Bücher: „Das Theater der Reichshauptstadt" (1904); „Die ersten Tage" (1916); „Max Reinhardt" (1921).

16 Den Titel Marquis von O. erfand Siegfried Jacobsohn in seinen Briefen an Tucholsky, der im Mai 1924 Ossietzkys Mitarbeit an der „Weltbühne" empfohlen hatte. Doch erst am 20. Januar 1925 erscheint Ossietzky zu einem Gespräch in der Redaktion am Königsweg, nahe dem S-Bahnhof Witzleben. Noch ein Jahr vergeht, bis Ossietzky sich vertraglich an „Die Weltbühne" bindet. Am 20. April 1926 erscheint sein erster Leitartikel.

17 Harry Graf Kessler (1868–1937); Diplomat und Schriftsteller, trat für Völkerverständigung ein, besonders für die Verständigung zwischen Deutschland und Frankreich; Vorstandsmitglied der Deutschen Friedensgesellschaft und der Deutschen Liga für Menschenrechte.

18 Liebste Maudie, das war gestern ein heißer und bewegter Tag. Von morgens 9 bis abends 8 mit einer Unterbrechung! Öffentlichkeit ausgeschlossen, Schweigepflicht für alle Beteiligten. Wie die

Sache steht, weiß ich nicht. Das kann niemand beurteilen. Nur eins weiß ich: wäre gestern öffentlich verhandelt worden, so hätten wir gesiegt. Unsere Anwälte waren glänzend und haben die Anklage einfach demoliert. Trotzdem wir nur wenige Leute im Saal waren, so war es doch ungeheuer spannend und dramatisch. – Wir sind gestern nicht fertig geworden. Erst im Laufe des Donnerstag ist ein Ergebnis zu erwarten. Den heutigen Bußtag bleibe ich in Leipzig. Es hat keinen Zweck, erst nach Berlin zu fahren. – Wie geht es Euch? Du wirst mit dem Gelde nicht auskommen. Rufe doch im Bureau an und laß Dir was schicken. Verhält Babbi sich manierlich? Habt keine Angst um mich, es wird alles gut werden. Ich grüße Euch beide vielmals Euer Papi.

19 Der „Soldaten-Prozeß" fand am 1. Juli 1932 im Sitzungssaal 567 des Landgerichts III in Berlin statt und endete mit einem Freispruch. Seit Ende des ersten Weltkrieges wurde jedes erste Augustheft der „Weltbühne" der Verdammung des Krieges gewidmet. 1931 hatte Tucholsky die Veröffentlichung der Exhortatio des Papstes Benedikt XV. vom 28. Juli 1915 veranlaßt und selbst eine Glosse geschrieben, „um dem Krieg eins auszuwischen". Die Anklage konzentrierte sich auf den Satz: „Soldaten sind Mörder."

20 Meine liebe Maudie, inzwischen habe ich Deine Briefe erhalten und zweimal Geld; ich bitte, Hedwig* den Eingang zu bestätigen. Gegen Deinen Plan, mich hier zu besuchen, muß ich mich nach wie vor ablehnend verhalten. Es fällt mir sehr schwer, Dir das zu schreiben, denn es ist ja selbstverständlich, daß ich Dich nach so langer Trennung endlich einmal wiedersehen und Deine Stimme hören möchte. Aber das Unternehmen wird zu teuer, viel zu teuer für unsre heutigen Verhältnisse, wo mit jedem Pfennig gerechnet werden muß. Solltest Du das Geld wirklich zur Verfügung haben, so lege es zurück oder schaffe Dir etwas an, was Du dringend benötigst, und ich zweifle nicht, daß Du sehr viel nötig haben wirst und daß Du Dir viel versagen mußtest. Es fällt mir wirklich schwer, diesen Wunsch auszusprechen, aber ich glaube, es ist vernünftig und entspricht unserer gegenwärtigen Lage. Ich habe auch noch immer die Hoffnung, über kurz oder lang entlassen zu werden. Wir wollen geduldig abwarten, glaube mir, es ist das richtigste. – Deine Briefe haben mich sehr gefreut, ebenso was ich von Baby höre. Sie ist groß geworden und hat sich sehr verändert. Was sie mir geschrieben hat, ist sehr interessant. Ich fühle, wie sie älter geworden ist, es ist alles

* Das ist Hedwig Hünicke, Ossietzkys Mitarbeiterin in der Redaktion der „Weltbühne"; sie versorgte den Gefangenen mit Geld, das Milly Zirker in Paris unter den Emigranten für Ossietzky und seine Frau sammelte.

nicht mehr so spielerisch, sie arbeitet richtig und nimmt die Schulaufgaben ernst. Wie gern möchte ich da mit Rat und Hilfe eingreifen. Hoffen wir, daß es bald sein wird. – Mein liebes Kind, halte Dich gesund und bewahre Dir die Überzeugung, daß wir uns bald wiedersehen werden. – Schreibe Baby, daß ich in Gedanken immer bei ihr bin und übermittle ihr meine Grüße und Wünsche. Herzliche Grüße an Alle. Ich umarme Dich Dein Carl

Berlin, 26. Nov. 36

21 Nach längerer Überlegung bin ich zu dem Entschluß gekommen, den mir zugefallenen Friedensnobelpreis anzunehmen. Die mir von dem Vertreter des Geh. Staatspolizeiamtes vorgetragene Anschauung, daß ich mich damit aus der deutschen Volksgemeinschaft ausschließe, vermag ich nicht zu teilen. Der Nobelpreis für den Frieden ist kein Zeichen des inneren politischen Kampfes, sondern der Verständigung zwischen den Völkern. Als Träger des Preises werde ich mich bemühen, diese Verständigung zu fördern und als Deutscher werde ich stets den berechtigten Interessen Deutschlands in Europa Rechnung tragen. Zur Annahme des Preises bewegt mich auch der Umstand, daß eine Ablehnung mißdeutet werden könnte. Es würde die Behauptung aufgestellt werden können, ich hätte unter Druck gehandelt, was wieder neue Protestaktionen zur Folge haben dürfte. Es ist draußen, soweit ich es beurteilen kann, ein „Fall Ossietzky" entstanden. Die Annahme beendigt ihn, die Ablehnung verewigt ihn.

Carl von Ossietzky

22 Bis 1933 stand der kleine Aschenbecher immer auf Ossietzkys Arbeitstisch – zuletzt auf seinem Schreibtisch in der Kantstraße 152. Als am 13. März 1933 die „Weltbühne" verboten und die Redaktionsräume versiegelt wurden, nahm Hedwig Hünicke den Frosch mit. Am 7. November 1936, als sie Ossietzky aus der Gestapo-Zentrale in der Prinz-Albrecht-Straße abholte, gab sie den Frosch an seinen Besitzer zurück.

Inhalt

ISBN 3-371-00168-7

2., erweiterte Auflage
Lizenznummer: 48-48/57/88
LSV 7003
Gesamtgestaltung: Heinz Rohloff
Printed in the German Democratic Republic
Gesamtherstellung: Druckhaus Aufwärts, Leipzig
III/18/20 · 552/88
Bestellnummer: 695 712 3
00950